BRAUTIGAN

Prosa

RICHARD BRAUTIGAN, geboren 1935, lebte in San Francisco. Er starb 1984 in Bolinas. Außer diesem Buch veröffentlichte er (amerikanische Ausgaben, ältere deutsche Ausgaben, Werkausgabe im Eichborn Verlag):

A Confederate General from Big Sur, 1964 (Ein konföderierter General aus Big Sur, 1979, Neuausgabe 1988, Eichborn Verlag);

The Abortion: An Historical Romance, 1966, 1970 (Die Abtreibung. Eine historische Romanze, 1966, 1978, Neuausgabe 1984, Eichborn Verlag);

In Watermelon Sugar, 1968 (In Wassermelonen Zucker, 1970, Neuausgabe 1988, Eichborn Verlag)

The Hawkline Monster: A Gothic Western, 1974 (Das Hawkline Monster, Ein seltsamer Western, Deutsche Erstausgabe 1986, Eichborn Verlag);

Willard and His Bowling Trophies: A Pervere Mystery, 1975 (Willard und seine Bowlingtrophäen: Ein perverser Kriminalroman, 1982);

Sombrero Fallout: A Japanese Novel, 1976;

Dreaming of Babylon: A Privat Eye Novel 1942, 1977 (Träume von Babylon: Ein Detektivroman 1942, 1983, Neuausgabe 1986, Eichborn Verlag);

The Tokyo-Montana Express, 1980 (Der Tokio-Montana-Express, Deutsche Erstausgabe 1987, Eichborn Verlag);

So the Wind Won't Blow It All Away, 1982.

Gedichte
The Pill Versus Springhill Mine Disaster, 1968 (Die Pille gegen das Grubenunglück von Springhill, 1980; d.i. eine Auswahl aus den drei ersten der hier angegebenen Gedichtbände; Neuausgabe 1987, Eichborn Verlag);

Rimmel Drives on Deep into Egypt, 1970;
Loading Mercury with a Pitchfork, 1976;
June 30th, June 30th, 1981.

Der Verlag wird in halbjähriger Folge bis 1991 alle Bücher Richard Brautigans in deutscher Übersetzung vorlegen.

RICHARD BRAUTIGAN

Die Rache des Rasens

Aus dem Amerikanischen
von Günter Ohnemus

Eichborn Verlag

Dieses Buch ist für Don Carpenter

CIP-Titelaufnahme der Deutschen Bibliothek
Brautigan, Richard:
Die Rache des Rasens : Erzählungen / Richard Brautigan. Aus d. Amerikan. übers. von Günter Ohnemus. – Frankfurt (Main) : Eichborn, 1989
    Einheitssacht.: Revenge of the Lawn ‹dt.›
    ISBN 3-8218-0158-1

© 1971 by Richard Brautigan

Titel der Originalausgabe:
REVENGE OF THE LAWN / STORIES 1962-1970
Simon and Schuster, New York 1971

© Vito von Eichborn GmbH & Co. Verlag KG, Frankfurt am Main, Januar 1989. Umschlaggestaltung: Uwe Gruhle unter Verwendung eines Gemäldes von Henri Schmid. Gesamtherstellung: Fuldaer Verlagsanstalt GmbH.
ISBN 3-8218-0158-1.

Verlagsverzeichnis schickt gern:
Eichborn Verlag, Sachsenhäuser Landwehrweg 293, D-6000 Frankfurt 70

Inhalt

Die Rache des Rasens 8
Cotton Mather Wochenschau 1692 16
1/3, 1/3, 1/3 21
Ein Kalifornier wird eingesammelt 29
Eine kurze Geschichte über das zeitgenössische
   Leben in Kalifornien 31
Pazifisches Radiofeuer 33
Elmira 35
Kaffee 38
Die verschollenen Kapitel von Forellenfischen in Amerika: »Rembrandtfluß« und »Karthagotrichter« ... 43
Das Wetter in San Francisco 49
Komplizierte Bankprobleme 52
Ein hohes Gebäude in Singapur 55
Ein unbegrenzter Vorrat an 35-Millimeter Film 56
Das Scarlatti-Turnier 58
Die wilden Vögel des Himmels 59
Winterteppich 64
Ernest Hemingways Sekretärin 69
Hommage für den CVJM San Francisco 71
Das hübsche Büro 75
Wir brauchen mehr Gärten 78
Der alte Bus 80
Die Geisterkinder von Tacoma 83
Talk Show 87
Ich hab versucht dich jemandem zu beschreiben 90
Mit Trick-or-treat in Schiffen zum Meer hinunter ... 92

Brombeerfahrer 93
Thoreau-Gummiband 95
44:40 97
Ein herrlicher Tag in Kalifornien 101
Die Postämter im östlichen Oregon 103
Fahles Marmorkino 112
Partner 114
Wir lernen uns kennen 116
Eine kurze Geschichte Oregons 121
*Vor kurzer Zeit entschlossen sich die Leute
  in Amerika zu leben* 125
Eine kurze Geschichte der Religion in Kalifornien .. 129
April in Gottverdammich 133
Ein Nachmittag 1939 135
Obergefreiter 137
Fussel 140
*Eine vollständige Geschichte Deutschlands
  und Japans* 141
Die Versteigerung 143
Der Geldtransporter 145
Das literarische Leben in Kalifornien/1964 148
Banner meiner Wahl 152
Ruhm in Kalifornien/1964 153
Erinnerung an ein Mädchen 156
Kalifornien im September 158
Kalifornische Blumenstudie 159
Das verratene Königreich 160
Frauen wenn sie am Morgen ihre Kleider anziehen 164
Halloween in Denver 166
Atlantisburg 169
Die Aussicht vom Hundsturm 171
Greyhound-Tragödie 173
*Verrückte alte Frauen fahren heutzutage in den Bussen
  Amerikas* 178
Die genaue Zeit 180

Ferien in Deutschland *183*
Sandburgen *187*
Verziehen und vergeben *191*
Ein Abziehbild der amerikanischen Flagge *195*
The World War I Los Angeles Airplane *197*
Nachbemerkung des Übersetzers *203*

Die Rache des Rasens

Meine Großmutter strahlt, auf ihre Weise, wie ein Leuchtfeuer die stürmische amerikanische Vergangenheit hinunter. Sie betrieb eine Schwarzbrennerei in einem kleinen Bezirk oben im Staate Washington. Und sie war eine stattliche Frau, fast einsachtzig groß, die ihre 170 Pfund mit der imposanten opernhaften Grazie der frühen Jahre unseres Jahrhunderts trug. Und ihre Spezialität war Bourbon, nicht gerade ein Spitzenwhiskey, aber eine willkommene Erfrischung in jenen Tagen des Volstead-Gesetzes.

Sie war natürlich kein weiblicher Al Capone, aber ihre Leistungen auf dem Gebiet der Schwarzbrennerei waren die Quelle unzähliger Legenden in ihrem Waldzipfel, wie man so sagt. Über Jahre hinweg hatte sie den Bezirk in der Tasche. Der Sheriff rief sie immer jeden Morgen an und gab ihr den Wetterbericht durch und berichtete ihr, wie die Hühner legten.

Ich kann mir gut vorstellen, wie sie mit dem Sheriff gesprochen hat: »Na ja, Sheriff, hoffentlich gehts Ihrer Mutter bald wieder besser. Ich war letzte Woche selber erkältet und hab ziemliche Halsschmerzen gehabt. Ich hab immer noch nen Schnupfen. Sagen Sie ihr einen schönen Gruß von mir, und sie soll mal hereinschauen, wenn sie das nächste Mal zu uns herunter kommt. Und wenn Sie die Kiste wollen, können Sie sie abholen, oder ich laß sie rüberbringen, sobald Jack mit dem Wagen zurück ist.

Nein, ich weiß nicht, ob ich heuer auf den Feuerwehrball gehe, aber Sie wissen ja, mein Herz schlägt mit den Feuerwehrleuten. Sagen Sie das den Jungs, falls Sie mich heute abend dort nicht sehen. Nein, ich werde sehen, daß ich kommen kann, aber ich hab mich immer noch nicht ganz von meiner Erkältung erholt. Abends packt sie mich sozusagen immer erst richtig.«

Meine Großmutter wohnte in einem dreistöckigen Haus, das auch damals schon alt war. Im Vorgarten stand ein Birnbaum, den der Regen schon ziemlich entwurzelt hatte, weil seit Jahren kein Rasen mehr da war.

Auch der Lattenzaun, der einmal den Rasen umgeben hatte, war weg, und die Leute fuhren ihre Autos einfach bis an die Veranda heran. Im Winter war der Vorgarten ein einziges Schlammloch, und im Sommer war er steinhart.

Jack fluchte immer auf den Vorgarten, als wäre er ein Lebewesen. Jack war der Mann, der dreißig Jahre lang bei meiner Großmutter lebte. Er war aber nicht mein Großvater, er war ein Italiener, der eines Tages die Straße heruntergekommen war und Grundstücke in Florida angeboten hatte.

In einem Land, in dem die Leute Äpfel aßen und in dem es viel regnete, verkaufte er an der Tür eine Vision ewiger Orangen und ewigen Sonnenscheins.

Jack kam zu meiner Großmutter, um ihr ein Grundstück, nur einen Steinwurf vom Zentrum Miamis, zu verkaufen, und eine Woche später fuhr er ihren Whiskey aus. Er blieb dreißig Jahr lang, und Florida mußte ohne ihn weitermachen.

Jack haßte den Vorgarten, weil er glaubte, der sei gegen ihn. Als Jack kam, war ein wunderschöner Rasen im Vorgarten, aber er ließ ihn zu einem Nichts verkümmern. Er weigerte sich, ihn zu gießen oder sich sonst in irgendeiner Weise drum zu kümmern.

Jetzt war der Boden so hart, daß Jacks Autoreifen im Sommer manchmal Löcher bekamen. Der Garten fand immer einen Nagel, den er in einen seiner Reifen stecken konnte, oder der Wagen versank aus dem Blickfeld, wenn im Winter die starken Regenfälle kamen.

Der Rasen hatte meinem Großvater gehört, der seinen Lebensabend in einer Nervenklinik verbrachte. Er war sein Stolz und seine Freude, und es hieß, er sei der Ort, von dem er seine Kräfte empfange.

Mein Großvater war einer der weniger bedeutenden Mystiker Washingtons, und 1911 prophezeite er auf den Tag genau, wann der I. Weltkrieg anfangen würde: am 28. Juni 1914, aber es war einfach zuviel für ihn. Es war ihm nicht vergönnt, die Früchte seiner Mühen zu genießen, weil sie ihn 1913 einliefern mußten; er verbrachte siebzehn Jahre in der staatlichen Nervenklinik und glaubte, er wäre noch ein Kind und es wäre in Wirklichkeit der 3. Mai 1872.

Er glaubte, daß er sechs Jahre alt wäre und daß es bewölkt wäre und bald regnen würde und daß seine Mutter gerade dabei wäre, einen Schokoladenkuchen zu backen. Für meinen Großvater war es immer 3. Mai 1872 bis er 1930 starb. Es dauerte siebzehn Jahre, bis der Schokoladenkuchen gebacken war. Wir hatten ein Foto meines Großvaters. Ich sehe ihm sehr ähnlich. Der einzige Unterschied ist, daß ich über einsachtzig groß bin und er nicht ganz einsfünfzig war. Er hatte die dunkle Idee, daß es helfen würde, so klein zu sein, so nah an der Erde und seinem Rasen, daß es helfen würde, den genauen Tag zu prophezeien, an dem der I. Weltkrieg anfangen würde.

Es war eine Schande, daß der Krieg ohne ihn anfing. Wenn er seine Kindheit nur noch ein Jahr hätte zurückhalten können, dem Schokoladenkuchen ausgewichen wäre, dann wären alle seine Träume wahr geworden.

Das Haus meiner Großmutter hatte zwei große Dellen, die nie ausgebessert wurden, und eine davon ist so entstanden: Im Herbst wurden die Birnen auf dem Baum im Vorgarten reif, und die Birnen fielen auf den Boden und verfaulten dann, und Bienen kamen zu Hunderten und drängten sich auf den Birnen.

Die Bienen hatten irgendwann im Lauf der Zeit die Gewohnheit angenommen, Jack ein- oder zweimal pro Jahr zu stechen. Sie stachen ihn immer auf sehr originelle Art.

Einmal war eine Biene in seine Brieftasche geraten, und er ging, um etwas fürs Essen einzukaufen, zum Laden hinunter, nicht ahnend, welches Unheil er in seiner Tasche trug.

Er nahm die Brieftasche heraus, um die Lebensmittel zu bezahlen.

»Das macht dann 72 Cent«, sagte der Krämer.

»AAAAAAAAAAAAAAAAAAAAAAA!« antworte Jack, schaute auf seine Hand und sah eine Biene, die damit beschäftigt war, ihn in den kleinen Finger zu stechen.

Die erste große Delle im Haus wurde von einer anderen Biene verursacht, die auf Jacks Zigarre landete, als er in jenem birnenreichen Herbst, in dem die Börse zusammenbrach, mit dem Wagen in Vorgarten fuhr.

Die Biene rannte die Zigarre hinunter – Jack konnte sie nur mit vor Schreck verdrehten Augen anstarren - und stach ihn in die Oberlippe. Jack reagierte darauf, indem er den Wagen unverzüglich gegen das Haus fuhr.

Im Vorgarten ereignete sich noch allerhand, nachdem Jack den Rasen vor die Hunde hatte gehen lassen. Eines Tages, im Jahre 1932, war Jack unterwegs, er mußte für meine Großmutter etwas erledigen oder etwas ausliefern. Sie wollte die alte Whiskey-Maische ausräumen und eine neue Ladung fertigmachen.

Weil Jack weg war, beschloß sie, es selber zu machen. Großmutter zog die Eisenbahner-Overalls an, die sie immer anhatte, wenn sie am Destillierapparat arbeitete, dann lud sie einen Schubkarren voll Maische und kippte sie draußen in den Vorgarten.

Sie hatte eine Schar schneeweißer Gänse, die vorm Haus herumzogen und in der Garage hausten, in der der Wagen seit der Zeit nicht mehr geparkt worden war, in der Jack ankam und Zukunftsträume in Florida verkaufte.

Jack hatte da so seine eigenen Ideen, er fand, es wäre völlig verkehrt, wenn ein Auto ein Haus hätte. Ich glaube, das war etwas, was er in der Alten Heimat gelernt hatte. Er begründete das auf italienisch, weil das die einzige Sprache war, die Jack benutzte, wenn er über die Garage sprach. Für alles andere benutzte er Englisch, aber für die Garage durfte es nur Italienisch sein.

Nachdem Großmutter die Maische in der Nähe des Birnbaums ausgekippt hatte, ging sie zurück in den Keller an den Destillierapparat, und die Gänse versammelten sich um die Maische und beredeten die ganze Angelegenheit. Sie kamen höchstwahrscheinlich zu einem allerseits annehmbaren Beschluß, jedenfalls machten sie sich alle über die Maische her. Während sie so die Maische fraßen, bekamen ihre Augen einen immer stärkeren Glanz, und ihre Stimmen wurden, vor überschwenglichem Entzücken an der Maische, immer lauter und lauter.

Nach einer Weile steckte eine der Gänse ihren Kopf in die Maische und vergaß, ihn wieder herauszuziehen. Eine andere schnatterte wie verrückt und versuchte, auf einem Bein zu stehen und eine W.C. Fields-Parodie eines Storchs zum Besten zu geben. Sie verharrte etwa eine Minute in dieser Stellung, bevor sie auf ihre Schwanzfedern fiel.

Meine Großmutter fand sie alle in der Position um die Maische herum liegen, in der sie hingefallen waren. Sie sahen aus, als wären sie mit einem Maschinengewehr umgesäbelt worden. In den Höhen ihrer opernhaften Erhabenheit schien ihr, sie wären alle tot.

Sie reagierte darauf, indem sie ihnen alle Federn ausrupfte, ihre kahlen Körper in den Schubkarren staute und sie in den Keller verfrachtete. Sie brauchte fünf Fuhren, um sie alle zu versorgen.

Sie stapelte sie wie Klafterholz in der Nähe des Destillierapparats und wartete, daß Jack zurückkäme und sich der Gänse in einer Weise annähme, die sowohl für einen Mittagsbraten als auch für einen kleinen Profit sorgen würde, den man beim Verkauf der Gänse in der Stadt machen könnte.

Als sie mit dem Destillierapparat fertig war, ging sie nach oben und legte sich zu einem Nickerchen hin.

Ungefähr eine Stunde später wachten die Gänse auf. Sie hatten einen verheerenden Kater. Erschöpft hatten sie sich alle irgendwie aufgerappelt, als plötzlich eine von ihnen merkte, daß sie überhaupt keine Federn mehr hatte. Sie klärte auch die anderen über ihren Zustand auf. Sie waren alle am Verzweifeln.

Verzweifelt und unsicher zogen sie aus dem Keller. Sie standen alle in einer Gruppe in der Nähe des Birnbaums beisammen, als Jack in den Vorgarten fuhr.

Als er die entfiederten Gänse da stehen sah, muß ihn wohl die Erinnerung an die Biene überkommen haben, die ihn in den Mund gestochen hatte, denn plötzlich riß er sich wie ein Verrückter die Zigarre aus dem Mund und schleuderte sie mit ganzer Kraft von sich. Das führte dazu, daß seine Hand durch die Windschutzscheibe fuhr. Eine Glanzleistung, die ihn zweiunddreißig Stiche kostete.

Die Gänse standen unter dem Birnbaum und glotzen unaufhörlich wie eine hilflose, primitive amerikanische Aspirinreklame, als Jack zum zweiten und letzten Mal im zwanzigsten Jahrhundert gegen das Haus fuhr.

***

Das erste in meinem Leben, woran ich mich überhaupt erinnern kann, passierte im Vorgarten meiner Großmutter. Das war entweder im Jahre 1936 oder 1937. Ich erinnere mich an einen Mann, wahrscheinlich Jack, der einen Birnbaum umschlägt und mit Kerosin tränkt.

Es ist schon ein seltsamer Anblick, sogar für eine erste Erinnerung, wenn man sieht, wie ein Mann kübelweise Kerosin über einen Baum schüttet, der – etwa neun Meter lang – auf dem Boden liegt, und wie er ihn dann anzündet, während die Frucht an den Zweigen noch grün ist.

Cotton Mather Wochenschau 1692*

O Hexe von 1939, von Tacoma, Washington, wo bist du denn, jetzt, wo ich so werde wie du? Früher hab ich in einem Kinderkörper gesteckt und nicht viel Raum beansprucht, und Türen bedeuteten etwas Großes und waren fast menschlich. Eine Tür aufzumachen, das war 1939 noch etwas Bedeutendes, und die Kinder lachten dich immer aus, weil du verrückt warst und ganz allein in einer Dachwohnung gelebt hast, und wir saßen gegenüber deinem Haus, auf der anderen Straßenseite, wie zwei Slumspatzen im Rinnstein.

Wir waren vier Jahre alt.

Du warst wohl ungefähr so alt wie ich jetzt bin, als dich die Kinder ärgerten und hinter dir herriefen: »Da ist die Verrückte! Lauft doch weg! Die Hex! Die Hex! Paß auf, daß sie dir nicht in die Augen schaut. Mich hat sie angeschaut! Hilfe! Nix wie weg!«

» Cotton Mather, 1663-1728, amerikanischer Theologe, verantwortlich beteiligt an den Hexenprozessen von Salem.

Jetzt sehe ich schon langsam so aus wie du mit meinen langen Hippiehaaren und meinen komischen Kleidern. Ich sehe 1967 ungefähr so verrückt aus wie du 1939.

»Hey, Hippie!« rufen mir kleine Kinder an den Vormittagen in San Francisco zu, so wie wir dir nachgerufen haben »Hey, du Verrückte!«, als du dich mühsam durch das Zwielicht Tacomas geschleppt hast.

Wahrscheinlich hast du dich dran gewöhnt, so wie ich mich dran gewöhnt hab.

Als Kind zog ich mich immer an Mutproben hoch. Man brauchte nur zu sagen: wetten, daß du dich nicht traust, und schon machte ich es. Ah, ich hab schon ein paar happige Sachen gemacht, als ich wie ein Miniatur-Don Quichotte den Spuren und Visionen kühner Taten folgte.

Wir saßen im Rinnstein und waren mit Nichtstun beschäftigt. Vielleicht warteten wir auf die Hexe oder daß irgendwas passierte, das uns aus dem Rinnstein befreien würde. Wir waren schon fast eine Stunde dagesessen: Kinderzeit.

»Wetten, daß du dich nicht traust und ins Hexenhaus gehst und vom Fenster zu mir runterwinkst«, sagte mein Freund, damit sich endlich was rührte.

Ich schaute zum Haus der Hexe hinüber. Das Fenster ihrer Dachwohnung starrte auf uns herunter wie ein Standfoto aus einem Gruselfilm.

»OK«, sagte ich.

»Du traust dich aber was«, sagte mein Freund. Ich weiß nicht mehr, wie er geheißen hat. Die Jahrzehnte haben seinen Namen aus meinem Gedächtnis radiert und da, wo er sein sollte, eine kleine leere Stelle hinterlassen.

Ich stand auf, ging über die Straße und ums Haus herum in den Hinterhof, wo der Aufgang zu ihrer Dachwohnung war. Es waren graue Holzstufen, wie eine alte Katzenmutter, und sie führten über drei Absätze zu ihrer Tür hinauf.

Unten an der Treppe standen ein paar Mülltonnen. Ich fragte mich, welche Mülltonne wohl der Hexe gehörte. Ich hob bei einer Mülltonne den Deckel hoch und schaute hinein, ob irgendwelcher Hexenmüll drin war.

Es war keiner drin. Es war bloß ganz normaler Müll in der Tonne. Ich hob den Deckel der nächsten Mülltonne hoch, aber in der war auch kein Hexenmüll. Ich prüfte die dritte Tonne, aber hier war es dasselbe: kein Hexenmüll.

Es standen drei Mülltonnen da, und im Haus waren drei Wohnungen, einschließlich des Dachgeschosses, das sie bewohnte. Eine der Tonnen mußte also ihre sein, aber es gab keinen Unterschied zwischen ihrem Müll und dem Müll der anderen Leute.

... also ...

Ich ging die Treppen hinauf bis zum Dachgeschoß. Ich ging sehr vorsichtig, als würde ich eine alte graue Katzenmutter streicheln, die gerade ihre Jungen säugt.

Schließlich kam ich an die Hexentür. Ich wußte nicht, ob die Hexe da war oder nicht. Sie hätte ja daheim sein können. Ich wollte klopfen, aber das hätte nichts gebracht. Wenn sie nämlich dagewesen wäre, hätte sie mir einfach die Tür vor der Nase zugeknallt oder sie hätte mich gefragt, was ich wollte, und dann wäre ich schreiend die Treppen hinuntergelaufen: »Hilfe! Hilfe! Sie hat mir in die Augen geschaut!«

Die Tür war hoch, ruhig und menschlich wie eine Frau in mittleren Jahren. Es kam mir vor, als berührte ich ihre Hand, als ich die Tür behutsam wie eine Uhr aufmachte.

Im ersten Zimmer der Wohnung, in der Küche, war sie nicht, aber es standen zwanzig oder dreißig Vasen und Gläser und Flaschen voller Blumen herum. Sie standen auf dem Küchentisch und auf allen Rändern und Regalen. Ein Teil der Blumen war schon verwelkt, und ein Teil war noch frisch.

Ich ging ins nächste Zimmer, das war das Wohnzimmer, und da war sie auch nicht, aber da standen wieder zwanzig oder dreißig Vasen und Gläser und Flaschen voller Blumen.

Mein Herz schlug schneller von all den Blumen.

Der Müll hatte mich getäuscht.

Ich ging ins letzte Zimmer, das war ihr Schlafzimmer, und da war sie auch nicht, aber wieder waren da die zwanzig oder dreißig Vasen und Gläser und Flaschen voller Blumen.

Gleich neben dem Bett war ein Fenster, und das war das Fenster, das zur Straße hinausging. Das Bett hatte ein Messinggestell, und obendrauf lag eine bunt zusammengenähte Steppdecke. Ich ging ans Fenster und schaute zu meinem Freund hinunter, der im Rinnstein saß und zum Fenster heraufsah.

Er konnte es nicht fassen, daß ich im Fenster der Hexe stand, und ich winkte ihm sehr langsam zu, und er winkte sehr langsam zu mir herauf. Unser Winken war wie weit voneinander entfernte Gebärden, wie wenn sich zwei Leute aus verschiedenen Städten zuwinken, vielleicht aus Tacoma und Salem, und unser Winken war bloß ein Nachhall ihres Winkens über Tausende von Meilen hinweg.

Jetzt war die Mutprobe bestanden, und ich drehte mich um und hatte wieder diese Wohnung, diesen flachen Garten vor mir, und meine ganze Angst brach über mich herein wie ein Erdrutsch von Blumen, und ich rannte heulend und schreiend die Treppen hinunter. Ich schrie, als wäre ich in einen schubkarrengroßen Haufen dampfender Drachenscheiße getreten.

Als ich schreiend hinter dem Haus vorkam, sprang mein Freund aus dem Rinnstein hoch und fing auch an zu schreien. Er dachte wahrscheinlich, die Hexe wäre hinter mir her. Wir rannten heulend und schreiend durch die Straßen Tacomas, von unseren eigenen Stimmen gehetzt wie eine Cotton Mather Wochenschau 1692.

Das war ein oder zwei Monate bevor die deutsche Wehrmacht in Polen einmarschiert ist.

1/3, 1/3, 1/3

Alles sollte gedrittelt werden. Ich sollte 1/3 fürs Tippen bekommen, sie 1/3 fürs Korrigieren und er 1/3 fürs Schreiben des Romans.
Das Honorar wollten wir dann in drei Teile aufteilen. Wir besiegelten das Geschäft mit Handschlag, und jeder von uns wußte, was er zu tun hatte: der Pfad lag vor uns, an seinem Ende die Pforte.
Ich wurde zum 1/3-Partner gemacht, weil ich die Schreibmaschine hatte.
Ich wohnte in einer selbstgebauten, mit Pappendeckel ausgeschlagenen Hütte auf der anderen Straßenseite gegenüber dem Haus, das die Fürsorge für sie und ihren neunjährigen Sohn Freddy gemietet hatte.
Der Romancier wohnte eine Meile entfernt in einem Wohnwagen neben dem Weiher eines Sägewerks, für das er als Nachtwächter arbeitete.
Ich war etwa siebzehn und fühlte mich einsam und fremd in diesem Pacific Northwest von damals, diesem dunklen, verregneten Land von 1952. Ich bin jetzt einunddreißig und ich komm immer noch nicht damit klar, was ich damals mit meiner Art zu leben bezweckte.
Sie war eine von diesen ewig fragilen Frauen

Ende dreißig, die einmal sehr hübsch waren und Gegenstand großer Aufmerksamkeit in Tanzlokalen und Hotelbars und die jetzt von der Fürsorge leben, und deren ganzes Leben um den einen Tag im Monat kreist, an dem sie den Scheck vom Sozialamt bekommen.

Das Wort »Scheck« ist das einzige metaphysische Wort in ihrem Leben, und sie schaffen es immer, es mindestens drei- oder viermal in jeder Unterhaltung unterzubringen. Egal, worüber man grade redet.

Der Romancier war Ende vierzig, groß, hatte rötliches Haar und sah aus, als hätte ihm das Leben eine endlose Flut von treulosen Freundinnen, Fünf-Tage-Räuschen und Autos mit defekten Getrieben beschert.

Er schrieb den Roman, weil er eine Geschichte erzählen wollte, die ihm vor Jahren, als er in den Wäldern arbeitete, zugestoßen war.

Er wollte auch ein wenig Geld verdienen: 1/3.

Mein Einstieg in die ganze Sache ging so vor sich: ich stand eines Tages vor meiner Hütte, aß einen Apfel und starrte in den schwarzen, zerfetzten Zahnwehhimmel, der bald losregnen würde.

Ich stand da, als wäre das mein Beruf, so sehr war ich damit beschäftigt, in den Himmel zu schauen und meinen Apfel zu essen. Man hätte denken können, ich wäre gegen ein gutes Gehalt dafür angeheuert worden, mit Anspruch auf Rente, wenn ich lang genug in den Himmel starrte.

»Hey, DU!« hörte ich jemanden rufen.

Ich schaute nach drüben zur anderen Seite des Schlammlochs, und da stand die Frau. Sie trug eine Art Dufflecoat, eine grüne Jacke, die sie immer anhatte, außer wenn sie in die Stadt zu den

Leuten vom Sozialamt mußte. Dann zog sie immer einen ausgebufften mausgrauen Mantel an.

Wir wohnten in einem armen Stadtviertel, wo die Straßen nicht gepflastert waren. Die Straße war nichts als ein großes Schlammloch, um das man herumgehen mußte. Die Straße war für Autos nicht mehr zu gebrauchen. Sie verkehrten auf einer anderen Frequenz, wo Asphalt und Kies mehr Verständnis aufbrachten.

Sie trug weiße Gummistiefel, die sie im Winter immer anhatte, Stiefel, in denen sie irgendwie aussah wie ein Kind. Sie war so zerbrechlich und stand so tief in der Schuld des Sozialamts, daß sie oft wie ein zwölfjähriges Kind aussah.

»Was gibts denn?« fragte ich.

»Du hast doch eine Schreibmaschine?« fragte sie. »Ich bin schon so oft an deiner Hütte vorbeigekommen und hab dich tippen hören. Du tippst ne ganze Menge in der Nacht.«

»Ja, ich hab ne Schreibmaschine«, sagte ich.

»Kannst du gut damit schreiben?« fragte sie.

»Ich bin ziemlich gut.«

»Wir haben nämlich keine Schreibmaschine. Hast du Lust, bei uns mitzumachen?« rief sie über das Schlammloch herüber. Sie stand da in ihren weißen Gummistiefeln und sah jetzt wie eine richtige Zwölfjährige aus, der Schatz und Liebling sämtlicher Schlammlöcher.

»Was bedeutet ›mitmachen‹?«

»Naja, er schreibt einen Roman«, sagte sie. »Er ist gut. Und ich mach die Korrekturen. Ich lese ne Menge Taschenbücher und den *Reader's Digest*. Wir brauchen jemanden mit einer Schreibmaschine, der es ins Reine schreibt. Du bekommst 1/3. Na, wie klingt das?«

»Ich würde den Roman gerne mal sehen«, sagte ich. Ich wußte nicht, was vorging. Ich wußte, sie hatte drei oder vier Freunde, die sie immer besuchten.

»Na klar!« rief sie. »Du mußt ihn ja sehen, wenn du ihn abtippen willst. Komm doch rüber. Wir gehn jetzt gleich mal zu ihm raus, und du kannst ihn kennenlernen und dir den Roman ansehen. Er ist ein netter Kerl. Und das Buch ist wunderbar.«

»OK«, sagte ich und ging um das Schlammloch herum zu ihr hinüber; sie stand vor ihrem abschreckenden Zahnarzthaus, zwölf Jahre alt, und ungefähr zwei Meilen vom Sozialamt entfernt.

»Dann gehn wir mal los«, sagte sie.

***

Wir gingen zur Landstraße hinüber und dann die Straße hinunter an Schlammlöchern und Sägewerksweihern und vom Regen überschwemmten Feldern vorbei, bis wir zu einer Straße kamen, die über die Gleise führte und dann ein Stück abwärts an einem halben Dutzend kleiner Sägewerksweiher vorbei, die voll waren von schwarzem Winterholz.

Wir sprachen sehr wenig, und es drehte sich eigentlich nur um ihren Scheck, der schon zwei Tage überfällig war, und sie hatte schon bei der Fürsorge angerufen, und die haben gesagt, sie hätten den Scheck abgeschickt, und er müßte morgen da sein, aber rufen Sie morgen nochmal an, wenn er nicht kommt, und wir schreiben Ihnen eine Ersatzüberweisung aus.

»Naja, hoffentlich kommt er morgen«, sagte ich.

»Das hoffe ich auch, sonst muß ich in die Stadt«, sagte sie.

Neben dem letzten Sägewerksweiher war ein gelber alter Wohnwagen auf Holzblöcken aufgebockt. Ein Blick auf den Wohnwagen genügte, um zu sehen, daß er nie wieder irgendwohin fahren würde, daß die Straße für ihn in einem unerreichbaren Himmel war, nur noch Gebeten zugänglich. Er sah wirklich traurig aus mit seinem Krematoriums-Schornstein, der zerfetzten toten Rauch nach oben in die Luft schleuderte.

Eine Art Mischung aus Hund und Katze saß auf einer rohen Holzveranda vor der Wagentür. Dieses Wesen empfing uns mit einem Bell-Miau-Geräusch, »Miwau!«, schoß unter den Wohnwagen und spähte hinter einem der Blöcke zu uns herauf.

»Wir sind da«, sagte die Frau.

Die Wagentür öffnete sich, und ein Mann trat auf die Veranda. Auf der Veranda war ein Stoß Brennholz aufgeschichtet, der mit einer schwarzen Plane abgedeckt war.

Der Mann hielt die Hand über die Augen, schützte seine Augen vor hellen imaginären Sonnenstrahlen, obwohl doch so kurz vor dem Regen schon alles dunkel geworden war.

»Hallo«, sagte er.

»Tag«, sagte ich.

Er gab mir die Hand und hieß mich in seinem Wohnwagen willkommen, dann gab er ihr ein Küßchen auf den Mund, und wir gingen alle hinein.

Drinnen war es eng und schmuddelig und es roch nach abgestandenem Regen, und das große, ungemachte Bett sah aus, als wäre es Partner in einem der traurigsten Liebesakte seit Christi Kreuzestod gewesen.

Ein paar insektenartige Stühle standen um einen

grünen, struppigen Dreivierteltisch herum, und außerdem war da noch ein kleiner Ausguß und ein Öfchen zum Kochen und Heizen.

Im Ausguß war schmutziges Geschirr. Das Geschirr sah aus, als wäre es schon immer schmutzig gewesen: schmutzig geboren auf ewige Zeiten.

Irgendwo im Wagen spielte ein Radio Westernmusik, aber ich fand nicht heraus, wo. Ich schaute in sämtliche Ecken, aber es war nirgendwo zu sehen. Wahrscheinlich lag es unter einem Hemd oder so.

»Das ist der Junge mit der Schreibmaschine«, sagte sie. »Er bekommt 1/3 fürs Tippen.«

»Das klingt akzeptabel«, sagte er. »Wir brauchen jemanden zum Abtippen. Ich hab sowas noch nie zuvor gemacht.«

»Warum zeigst du es ihm denn nicht?« fragte sie. »Er möchte sichs ansehen.«

»OK. Aber es ist nicht allzu korrekt geschrieben«, sagte er zu mir. »Ich bin nur bis zur vierten Klasse in die Schule gegangen, deshalb macht sie die Korrekturen, bringt die Grammatik in Ordnung und die Kommas und das ganze Zeug.«

Auf dem Tisch lag ein Notizbuch neben einem Aschenbecher, in dem so an die 600 Zigarettenkippen waren. Auf dem Umschlag des Notizbuchs war ein Farbfoto von Hopalong Cassidy.

Hopalong sah so müde aus, als hätte er die Nacht davor damit zugebracht, in Hollywood hinter Starlets herzujagen und als hätte er kaum mehr genug Kraft, wieder in den Sattel zu klettern.

Das Notizbuch enthielt fünfundzwanzig oder dreißig Seiten Text, der in einer großen krakeligen Hauptschulschrift abgefaßt war: eine unglückliche Ehe zwischen Druckbuchstaben und Schreibschrift. »Es ist noch nicht fertig«, sagte er.

»Du tippst es. Ich korrigier es. Er schreibt«, sagte sie.

Es war eine Geschichte über einen jungen Holzfäller, der sich in eine Bedienung verliebte. Der Roman begann 1935 in einem Café in North Bend, Oregon.

Der junge Holzfäller saß an einem Tisch und die Bedienung nahm seine Bestellung entgegen. Sie war sehr hübsch, hatte blondes Haar und rosige Wangen. Der junge Holzfäller bestellte Kalbskotelett mit Kartoffelbrei und Soße nach Farmerart.

»Ja also, ich mach die Korrekturen. Du kannst es doch abtippen, oder? Es ist doch nicht zu schlecht?« sagte sie mit ihrer zwölf Jahre alten Stimme, und das Sozialamt spähte ihr über die Schulter.

»Nein«, sagte ich. »Das geht leicht.«

Plötzlich fing es draußen stark zu regnen an, ohne jede Warnung, ganz plötzlich kamen große Regentropfen, die den Wohnwagen fast zum Schwanken brachten.

Sie essn wol gern Kalpskottlett sagte Maybell sie h̶a̶t̶t̶e̶ hatte ihren Bleistift am Munt der hüpsch war und rot wie ein Apfl!

Blos wen sie meine Bestelung annemen sagte Carl der ein fridlicher Holzfeller war aber gross und stark wie sein Pabbs dem die Sternmühle gehörd hatt.

Ich schau zu das sie fiel Sose krigen!

Grat da ging die Caffetür auf und Rins Adams kahm rein er war fesch und gemein, jeder in dehr Gegend hatte Ankst vor im aber Carl und sein P̶a̶b̶b̶s̶ Paps nicht die hatten bestimmt keine Angst vor im! Maybell zitherte wie sie in dasten sah mit seiner schwartzen Jake er lechelte sie an und Carl spührte sein Bluhd kochn wie heißn Caffe und gans verükt pochn!

Wiegets den sagte Rins und Maybell errötete wie eine Blúmé Bluhme während wir alle in diesem verregneten Wohnwagen saßen und an die Pforten der amerikanischen Literatur pochten.

Ein Kalifornier wird eingesammelt

Wie die meisten Kalifornier komme ich von woanders her und wurde eingesammelt für die Zwecke Kaliforniens, wie eine metallfressende Blume Sonne und Regen sammelt und dann ihre Blüten zum Freeway neigt und die Autos hineinfahren läßt, Millionen Autos in nur eine einzige Blume, deren Duft vom Andrang und vom Raum, den Millionen anderer Autos einnehmen, erstickt wird.

Kalifornien braucht uns, deshalb sammelt es uns woanders ein. Ich nehme dich, dich, dich – und mich aus dem Pacific Northwest: ein gespenstisches Land, wo die Natur mit den Leuten ein Menuett tanzt und auch mit mir getanzt hat in den alten längst vergangenen Tagen. Ich habe alles, was ich wußte, von dort nach Kalifornien mitgebracht: Jahre und Jahre eines anderen Lebens, in das ich weder zurückkehren kann noch will und das zuweilen einem anderen Körper widerfahren zu sein scheint, der irgendwie vage an mich erinnert.

Es ist schon komisch, daß Kalifornien sich seine Leute von überallher holt, und daß wir alles, was wir kennen, zurücklassen und hierher nach Kalifornien geholt werden, als ob die reine Energie, der

Schatten dieser metallfressenden Blume, uns aus unserem anderen Leben weggerufen hätte, damit wir jetzt und bis zum Ende Kalifornien machen und Kalifornien sind wie das Taj Mahal in Form einer Parkuhr.

Eine kurze Geschichte über das zeitgenössische Leben in Kalifornien

Es gibt Tausende von Geschichten mit originellen Anfängen. Die hier gehört nicht dazu. Ich glaube, die einzige Art, eine Geschichte über das zeitgenössische Leben in Kalifornien anzufangen, ist die Art wie Jack London den *Seewolf* angefangen hat. Ich habe Vertrauen zu diesem Anfang.

Er hat 1904 funktioniert, und er kann 1969 funktionieren. Ich glaube, dieser Anfang kann die Jahrzehnte überbrücken, und er entspricht dem Zweck dieser Geschichte hier, denn wir sind in Kalifornien – wir können alles tun, was wir wollen – und ein reicher junger Literaturkritiker fährt auf einer Fähre von Sausalito nach San Francisco. Er hat gerade ein paar Tage im Ferienhaus eines Freundes im Mill Valley verbracht. Der Freund benutzt das Ferienhaus, um im Winter Schopenhauer und Nietzsche zu lesen. Es ist immer wieder ein großes Vergnügen für alle Beteiligten. Während er im Nebel über die Bucht fährt, denkt er daran, einen Essay zu schreiben mit dem Titel »Die Notwendigkeit der Freiheit: Ein Plädoyer für den Künstler«.

Natürlich torpediert Wolf Larsen die Fähre und nimmt den reichen jungen Literaturkritiker gefangen, der unverzüglich zum Schiffsjungen gemacht wird und komische Kleider tragen und sich jeden Scheißdreck gefallen lassen muß, der große intellektuelle Gespräche mit dem alten Wolf führt, in den Arsch getreten wird, bei der Gurgel gepackt wird, zum Maat befördert wird, erwachsen wird, seine wahre Liebe Maud trifft, Wolf in etwas entkommt, das wenig besser ist als ein beschissenes Ruderboot, in diesem verdammten Pazifischen Ozean herumhopst, eine Insel findet, eine Steinhütte baut, Seehunde erschlägt, ein beschädigtes Segelschiff repariert, Wolf im Meer bestattet, geküßt wird etc.: alles, um fünfundsechzig Jahre später diese Geschichte über das zeitgenössische Leben in Kalifornien zu Ende zu bringen.

Gott sei Dank.

Pazifisches Radiofeuer

Der größte Ozean der Welt beginnt oder endet in Monterey, Kalifornien. Das hängt von der Sprache ab, die man spricht. Mein Freund ist gerade von seiner Frau verlassen worden. Sie ging einfach zur Tür hinaus und sagte nicht mal auf Wiedersehn. Wir besorgten uns zwei Flaschen Portwein und machten uns auf den Weg zum Pazifik.

Es ist ein altes Lied, das schon in allen Musikboxen Amerikas gespielt worden ist. Es ist schon so lange da, daß es sogar schon in den Staub Amerikas eingespielt ist, und es hat sich auf allen Sachen festgesetzt und Stühle und Autos und Spielsachen und Lampen und Fenster in Milliarden von Plattenspielern verwandelt, die das Lied ins Ohr unserer Trauer zurückspielen.

Wir setzten uns auf einen kleinen, nischenförmigen Strand, der von großen Granitfelsen und der Riesenhaftigkeit des Pazifischen Ozeans und all seinen Vokabularen umgeben war.

Wir hörten uns auf seinem Transistorradio Rock and Roll an und tranken traurig unseren Portwein. Wir waren beide verzweifelt. Ich wußte auch nicht, was er jetzt mit dem Rest seines Lebens anfangen sollte.

Ich trank noch einen Schluck Portwein. Im

Radio sangen die Beach Boys ein Lied über die Mädchen Kaliforniens. Sie mochten sie.

Seine Augen waren feuchte, gekränkte Teppiche.

Wie ein seltsamer Staubsauger versuchte ich, ihn zu trösten. Ich sagte die alten, ewiggleichen Litaneien herunter, die man Leuten sagt, wenn man ihre Trauer und ihren Schmerz lindern möchte, aber Worte können überhaupt nichts ausrichten. Es ist bloß der Klang einer anderen menschlichen Stimme, der ein bißchen was ausmacht. Es gibt überhaupt keine Worte, mit denen man jemanden wieder froh machen kann, wenn er sich ganz beschissen fühlt, weil er jemanden verloren hat, den er liebt.

Schließlich zündete er das Radio an. Er schichtete Papier rundum. Er nahm ein Streichholz und zündete das Papier an. Wir saßen da und schauten zu. Ich hatte noch nie zuvor jemanden gesehen, der ein Radio anzündete.

Während das Radio langsam vor sich hin brannte griffen die Flammen auf die Lieder über, die wir uns anhörten. Eine Platte die # 1 unter den Top-40 war, fiel mittendrin auf Platz 13. Ein Lied, das # 9 war, wurde # 27, mitten in einem Refrain über die Liebe. Die populärsten Lieder stürzten ab wie zerfetzte Vögel. Dann war es zu spät für sie alle.

Elmira

Ich komme wieder nach Elmira zurück wie im Traum eines jungen amerikanischen Prinzen, eines fürstlichen Entenjägers, und ich stehe wieder auf der Brücke über den Long Tom River. Es ist immer spät im Dezember, und der Fluß ist tief und schlammig und strudelt dunkle, blattlose Äste aus seinen kalten Tiefen nach oben.

Manchmal regnet es auf der Brücke, und ich schaue flußabwärts zu der Stelle, wo der Fluß in den See mündet. In meinem Traum kommt immer eine sumpfige Wiese vor, die von einem alten, schwarzen Holzzaun umzäunt ist und ein uralter Schuppen, durch dessen Wände und Dach Licht dringt.

Unter einigen Lagen molliger königlicher Unterwäsche und Regenzeug bleibe ich warm und trocken.

Manchmal ist es kalt und klar, und ich kann meinen Atem sehen und auf der Brücke liegt Reif, und ich schaue flußaufwärts in ein Gewirr von Bäumen, das sich meilenweit bis zu den Bergen hinzieht, in denen der Long Tom River seinen Anfang nimmt.

Manchmal schreibe ich meinen Namen in den Reif auf der Brücke. Ich spreche meinen Namen laut und bedächtig vor mich hin, und manchmal schreibe ich, genau so bedächtig, »Elmira« in den Reif.

Ich habe immer eine doppelläufige Schrotflinte vom Kaliber 16 dabei und eine Menge Patronen in meinen Taschen... vielleicht zuviel Patronen, denn ich bin ja noch ein Junge und da hat man leicht Angst, die Patronen könnten einem ausgehen, und jetzt ziehen sie mich ganz schön nach unten. Ich bin fast wie ein Tiefseetaucher, weil meine Taschen so übermäßig mit Blei beladen sind. Manchmal sieht mein Gang wegen der vielen Patronen in meinen Taschen sehr komisch aus.

Ich bin immer allein auf der Brücke, und immer fliegt ein kleiner Schwarm Wildenten sehr hoch über der Brücke zum See hinunter.

Manchmal schau ich in beide Richtungen die Straße hinunter, ob ein Auto kommt, und wenn keins kommt, schieße ich auf Enten, aber sie fliegen zu hoch, und mein Schuß kann sie bloß ein bißchen verärgern.

Manchmal kommt ein Auto, und dann beobachte ich die Enten nur, wie sie den Fluß hinunterfliegen und schenke mir die Ballerei. Es könnte ja ein Jagdaufseher oder ein Hilfssheriff sein. Irgendwo in meinem Kopf habe ich die Idee, daß es ungesetzlich ist, von einer Brücke aus auf Enten zu schießen.

Ich frage mich, ob das stimmt.

Manchmal schau ich auch nicht, ob ein Auto auf der Straße kommt. Die Enten sind wirklich außer Schußweite. Ich weiß, ich würde bloß meine Munition vergeuden und lasse sie weiterfliegen.

Es ist immer ein Schwarm fetter Wildenten, die gerade von Kanada herübergekommen sind.

Manchmal geh ich durch Elmira. Es ist eine kleine Stadt, und alles ist sehr ruhig, weil es noch früh am Morgen ist und entweder gottverdammt kalt oder regnerisch.

Immer wenn ich durch Elmira gehe, bleibe ich vor der Elmira Union High School stehen. Die Klassenzimmer sind immer leer und dunkel. Es kommt einem so vor als würde da drin nie jemand was lernen, und es bleibt immer dunkel, weil es keinen Grund gibt, Licht zu machen.

Manchmal gehe ich auch nicht nach Elmira hinein. Ich steige über den schwarzen Holzzaun in die sumpfige Wiese und gehe an dem uralten heiligen Schuppen vorbei und den Fluß hinunter in Richtung See und hoffe, daß mir ein paar fette Enten vor die Flinte kommen.

Was allerdings nie passiert.

Elmira ist sehr schön, aber für mich ist es kein besonders gutes Jagdrevier. Ich fahre die zwanzig Meilen nach Elmira immer per Anhalter. Ich stehe mit meinem Gewehr und in meiner königlichen Entenjagdkleidung da draußen in der Kälte, oder im Regen, und die Leute halten an und nehmen mich mit, und auf diese Art komm ich immer hin.

»Wo gehts denn hin?« sagen die Leute, wenn ich einsteige. Ich sitze neben ihnen, balanciere mein Gewehr wie ein Zepter zwischen den Beinen, und die Mündung zeigt auf das Dach des Autos. Das Gewehr steht ein wenig schräg, so daß die Mündung auf das Stück Dach über dem Beifahrersitz zeigt, und der Beifahrer bin immer ich.

»Elmira.«

Kaffee

Manchmal ist das Leben bloß eine Angelegenheit von Kaffee und der Intimität, die eine Tasse Kaffee eben mit sich bringt. Ich hab mal was über Kaffee gelesen. Da stand, daß einem Kaffee gut tut; er regt sämtliche Organe an.
Zuerst fand ich das eine ziemlich seltsame Feststellung und ganz und gar nicht angenehm, aber im Lauf der Zeit habe ich herausgefunden, daß sie auf ihre beschränkte Art zutrifft. Ich will Ihnen sagen, was ich meine.
Gestern morgen bin ich zu einem Mädchen gegangen. Ich mag sie. Was auch einmal zwischen uns gewesen ist, ist jetzt vorbei. Ich hab die Sache versiebt, und ich wünschte, es wäre anders gekommen.
Ich drückte auf die Türklingel und wartete auf der Treppe. Ich konnte hören, wie sie sich im oberen Stockwerk bewegte. Die Art, wie sie sich bewegte, verriet mir, daß sie aufstand. Ich hatte sie aufgeweckt.
Dann kam sie die Treppe herunter. Ich spürte in meinem Magen, wie sie näherkam. Jede Stufe, die sie herunterkam, erregte mich und führte indirekt dazu, daß sie die Tür aufmachte. Sie sah mich, und sie freute sich nicht darüber.

Es gab einmal eine Zeit, da hat sie sich sehr darüber gefreut, letzte Woche. Ich spiele den Naiven und frage mich, wohin es verschwunden ist.

»Mir ist ganz komisch«, sagte sie. »Ich mag jetzt nicht reden.«

»Ich möchte eine Tasse Kaffee«, sagte ich, weil es das allerletzte war, was ich wollte. Ich sagte es so, daß es klang, als würde ich ihr ein Telegramm von jemand anderem vorlesen, von jemandem, der wirklich nur eine Tasse Kaffee wollte und sonst nichts.

»Na gut«, sagte sie.

Ich folgte ihr die Treppe hinauf. Es war zum Lachen. Sie hatte bloß schnell ein paar Sachen angezogen. Sie hatten sich noch nicht an ihren Körper angepaßt. Ich könnte Ihnen ihren Hintern beschreiben. Wir gingen in die Küche.

Sie nahm ein Glas Nescafé von einem Regal und stellte es auf den Tisch. Sie stellte eine Tasse daneben und legte einen Löffel dazu. Sie setzte einen Tiegel Wasser auf den Herd und drehte das Gas darunter an.

Die ganze Zeit über sagte sie kein einziges Wort. Ihre Kleider paßten sich ihrem Körper an. Ich nicht. Sie ging aus der Küche.

Dann ging sie die Treppe hinunter und vors Haus und schaute nach, ob sie Post hatte. Ich konnte mich nicht erinnern, daß ich welche gesehen hatte. Sie kam die Treppe wieder herauf und ging in ein anderes Zimmer. Sie machte die Tür hinter sich zu. Ich schaute auf den Tiegel voll Wasser, der auf dem Herd stand.

Ich wußte, es würde ein Jahr dauern, bevor das Wasser zu kochen anfinge. Es war jetzt Oktober, und in dem Tiegel war zuviel Wasser. Das war das

Problem. Ich schüttete die Hälfte des Wassers in den Ausguß.

Ich schaute nach hinten zur Veranda hinaus. Da standen Tüten voller Abfall. Ich studierte die leeren Verpackungen und die Schalen und das ganze Zeug, um herauszubringen, was sie in letzter Zeit gegessen hatte. Ich fand nichts heraus.

Es war jetzt März. Das Wasser begann zu kochen. Ich freute mich darüber.

Ich schaute auf den Tisch. Da war das Glas Nescafé, die leere Tasse und der Löffel, alles war hergerichtet wie für eine Totenmesse. Das sind die Sachen, die man braucht, um eine Tasse Kaffee zu machen.

Als ich zehn Minuten später das Haus verließ, die Tasse Kaffee in mir, sicher wie in einem Grab, sagte ich: »Danke für die Tasse Kaffee!«

»Nichts zu danken«, sagte sie. Ihre Stimme kam hinter einer geschlossenen Tür hervor. Ihre Stimme klang auch wie ein Telegramm. Es war wirklich Zeit, daß ich ging.

Ich verbrachte den Rest des Tages damit, keinen Kaffee zu machen. Es war eine Wohltat. Und der Abend kam. Ich aß in einem Restaurant und ging dann in eine Kneipe. Ich trank ein paar Gläser und unterhielt mich mit ein paar Leuten.

Wir waren Kneipenleute, und wir sagten Kneipensachen, an die sich niemand erinnert, und die Kneipe machte zu. Es war zwei Uhr morgens. Ich mußte hinausgehen. Es war neblig und kalt in San Francisco. Ich wunderte mich über den Nebel und fühlte mich sehr menschlich und ausgesetzt.

Ich beschloß, noch ein Mädchen zu besuchen. Wir hatten seit über einem Jahr nichts mehr miteinander zu tun gehabt. Wir waren uns einmal sehr nahe gestanden. Ich fragte mich, woran sie jetzt dachte.

Ich ging zu ihr. Sie hatte keine Türklingel. Das war schon ein kleiner Sieg. Man darf alle die kleinen Siege nicht aus den Augen verlieren. Wenigstens tu *ich* das nicht.

Sie kam an die Tür. Sie hielt einen Bademantel in der Hand, mit dem sie sich bedeckte. Sie glaubte nicht, daß ich es war, den sie sah. »Was willst du denn?« fragte sie, und jetzt glaubte sie, daß sie mich sah. Ich ging einfach ins Haus.

Sie drehte sich um und machte die Tür so zu, daß ich sie von der Seite sehen konnte. Sie hatte sich nicht die Mühe gemacht, richtig in den Bademantel hineinzuschlüpfen. Sie hielt ihn einfach in der Hand und bedeckte sich damit.

Ich konnte von ihrem Kopf bis zu den Füßen eine ununterbrochene Linie ihres Körpers sehen. Es sah etwas seltsam aus. Vielleicht, weil es so spät in der Nacht war.

»Was willst du denn?« fragte sie. »Ich möchte eine Tasse Kaffee«, sagte ich. Komisch, daß ich das sagte, wieder sagte, denn eine Tasse Kaffee war nicht das, was ich wirklich wollte.

Sie schaute mich an und schwankte ein wenig. Sie freute sich nicht darüber mich zu sehen. Da soll uns der Ärzteverband nur ruhig erzählen, daß die Zeit Wunden heilt. Ich betrachtete die ununterbrochene Linie ihres Körpers.

»Trink doch ne Tasse mit mir«, sagte ich. »Ich möchte gern mit dir reden. Wir haben schon lange nicht mehr miteinander geredet.«

Sie schaute mich an und schwankte ein wenig. Ich betrachtete die ununterbrochene Linie ihres Körpers. Es stand gar nicht gut.

»Es ist zu spät«, sagte sie. »Ich muß früh aufstehen. In der Küche ist Nescafé, wenn du eine Tasse willst.«

Das Küchenlicht war an. Ich schaute den Flur hinunter in die Küche. Ich hatte keine Lust, in die Küche zu gehen und wieder allein eine Tasse zu trinken. Ich hatte keine Lust, zu irgendwelchen anderen Leuten zu gehen und sie um eine Tasse Kaffee zu bitten.

Ich begriff, daß dieser Tag einer sehr seltsamen Pilgerreise gewidmet war, und ich hab ihn nicht dafür ausgesucht. Aber wenigstens stand das Glas Nescafé nicht auf dem Tisch, neben einer leeren weißen Tasse und einem Löffel.

Es heißt, im Frühling wendet sich die Phantasie eines jungen Mannes Gedanken der Liebe zu. Vielleicht, falls ihm genug Zeit übrigbleibt, kann seine Phantasie sogar Platz für eine Tasse Kaffee schaffen.

Die Verschollenen Kapitel von *Forellenfischen in Amerika* »Rembrandtfluss« und »Karthagotrichter«

Diese beiden Kapitel waren Ende Winter, Anfang Frühling 1961 verschollen. Ich habe überall nach ihnen gesucht, konnte sie aber nirgendwo finden. Ich habe nicht die leiseste Idee, warum ich sie nicht gleich neu geschrieben habe, als ich merkte, daß sie weg waren. Es ist mir wirklich ein Rätsel, aber ich habs nicht getan, und jetzt, acht Jahre später, habe ich beschlossen, in den Winter zurückzukehren, in dem ich sechsundzwanzig Jahre alt war, in der Greenwich Street in San Francisco wohnte, verheiratet war, eine kleine Tochter hatte und diese beiden Kapitel als Beitrag zu einem neuen Bild Amerikas schrieb und sie dann wieder verlor. Ich gehe jetzt wieder dahin zurück und schau, ob ich sie finden kann.

»Rembrandtfluss«

Der Rembrandtfluß sah genau so aus wie sein Name, und das Land war einsam und die Winter sehr hart. Der Fluß entsprang hoch oben auf einer Bergwiese, die von Kiefern umgeben war. Das war ungefähr das einzige wirkliche Licht, das der Fluß zu sehen bekam, weil er, nachdem er sich aus ein paar Quellen auf der Wiese zum Dasein verholfen hatte, durch die Kiefern in einen baumdunklen Cañon hinunterfloß, der sich am Gebirgsrand hinzog.
Der Fluß wimmelte von kleinen Forellen, die so wild waren, daß sie sich kaum fürchteten, wenn man zum Ufer hinaufging, und zu ihnen hinunterschaute.
 Ich hab nie in irgendeiner klassischen oder auch nur wirksamen Art nach ihnen gefischt. Ich kannte den Fluß eigentlich nur deshalb, weil wir da oben immer zelteten, wenn wir auf Rehjagd gingen.
 Nein, das war für mich kein Fluß zum Fischen, sondern bloß eine Wasserstelle für unser Lager, aber es kommt mir so vor, als hätte ich das meiste Wasser getragen, das wir brauchten, und ich hab wohl deshalb soviel Geschirr abgespült, weil ich noch ein Junge war, und es war einfacher, wenn

ich das tat, als wenn es die Männer getan hätten, die älter und klüger waren und Zeit brauchten, sich zu überlegen, wo Rehe sein könnten, und auch um ein bißchen Whiskey zu trinken, der ein gutes Hilfsmittel bei Jagdgedanken und anderem zu sein schien.

»Hey, Kleiner, setze deinen Hintern in Bewegung und schau mal, was sich mit dem Geschirr machen läßt.« Das war einer der älteren Jäger, der das sagte. Fährten und Adern in klangfarbenem Marmor führen zu seiner Stimme zurück.

Ich denke oft an den Rembrandtfluß und daß er war wie ein Gemälde, das im größten Museum der Welt hing, mit einem Dach bis zu den Sternen und Galerien, die mit vorbeihuschenden Kometen vertraut waren.

Ich habe nur einmal darin gefischt.

Ich hatte keine Angelrute, bloß eine 30:30er Winchester, deshalb nahm ich einen alten, rostigen, umgebogenen Nagel, band ihn, wie der Geist meiner Kindheit, mit einem weißen Faden daran fest und versuchte, mit einem Stück Rehfleisch als Köder, eine Forelle zu fangen, und ich hätte auch fast eine erwischt, ich zog sie aus dem Wasser und da rutschte sie von meinem Nagel herunter und wieder in das Gemälde zurück, das sie davontrug, dahin zurück, wohin sie gehörte, ins siebzehnte Jahrhundert auf die Staffelei eines Mannes namens Rembrandt.

»Karthagotrichter«

Der Karthago entsprang brüllend aus einer Quelle, die wie ein wildes Brunnenloch war. Er strömte arrogant etwa ein Dutzend Meilen weit durch einen offenen Cañon und verschwand dann an einer Stelle, die Karthagotrichter genannt wurde, in der Erde.

Der Fluß erzählte gern allen (alle, das heißt hier der Himmel, der Wind, ein paar Bäume, die da in der Gegend standen, Vögel, Rehe und sogar die Sterne, falls Sie das glauben können), was für ein großartiger Fluß er wäre.

»Ich komme brüllend aus der Erde, und ich kehre brüllend wieder in die Erde zurück. Ich bin der Herr meiner Wasser. Ich bin meine eigene Mutter und mein eigener Vater. Ich brauch keinen einzigen Tropfen Regen. Schaut nur meine glatten kräftigen weißen Muskeln an. Ich bin meine eigene Zukunft!«

Der Karthago redete jahrtausendelang so daher. Selbstverständlich hatten ihn alle (alle, das heißt hier der Himmel etc.) bis oben hin satt.

Wenn sie es vermeiden konnten, hielten sich Vögel und Rehe von diesem Teil des Landes fern. Die Sterne mußten sich darauf beschränken, eine Art Wartespiel zu spielen, und ein drastischer

Mangel an Wind machte sich in der Gegend bemerkbar, der dem Karthago natürlich nicht auffiel.

Sogar die Forellen, die hier lebten, schämten sich für den Fluß und waren immer froh, wenn sie starben. Alles war besser, als in diesem gottverdammten bombastischen Fluß zu leben.

Eines Tages, mitten in seinem bombastischen Redefluß, trocknete der Karthago aus. »Ich bin der Herr meiner...« Er hörte einfach auf.

Er konnte es nicht fassen. Nicht ein Tropfen Wasser kam mehr aus der Erde, und sein Trichter war bald bloß noch ein Rinnsal, das in die Erde zurücktröpfelte, wie der Rotz aus der Nase eines Kindes.

Der Stolz des Karthago schwand in einem ironischen Tröpfeln dahin, und der Cañon kam langsam in Stimmung. Überall flogen plötzlich Vögel herum und betrachteten mit fröhlichen Augen, was geschehen war, und ein starker Wind kam auf, und sogar die Sterne schienen an diesem Abend eher herauszukommen und schauten sich alles an und strahlten ganz selig.

Ein paar Meilen entfernt in einem Gebirge war ein Sommergewitter, und der Karthago flehte darum, daß es ihm mit seinem Regen zu Hilfe komme.

»Bitte«, sagte der Fluß mit einer Stimme, die jetzt nur noch der Schatten eines Flüsterns war. »Hilf mir. Ich brauch Wasser für meine Forellen. Sie sterben doch. Schau dir doch die armen kleinen Dinger an.«

Das Gewitter schaute sich die Forellen an. Sie waren sehr glücklich über den jetzigen Stand der Dinge, obwohl sie bald sterben würden.

Das Gewitter erfand eine unglaublich ausgetüftelte Geschichte, daß es jemands Großmutter besuchen müßte, deren Eismaschine kaputt wäre, und daß irgendwie ganze Regenmassen nötig wären, um sie zu reparieren. »Aber vielleicht kommen wir in ein paar Monaten zusammen. Ich ruf dich an, bevor ich rüberkomme.«

Am nächsten Tag, der natürlich der 17. August 1921 war, fuhren viele Besucher, Leute aus der Stadt und so, mit ihren Autos hinaus, schauten sich den ehemaligen Fluß an und schüttelten verwundert den Kopf. Sie hatten auch eine Menge Picknickkörbe dabei.

In der Lokalzeitung war ein Artikel mit zwei Fotos, auf denen man zwei große leere Löcher sah, die einmal die Quelle und der Trichter des Karthago gewesen waren. Sie sahen aus wie Nasenlöcher. Auf einem anderen Foto sah man einen Cowboy, der auf seinem Pferd saß, in der einen Hand einen Regenschirm hielt und mit der anderen in die Tiefe des Karthagotrichters deutete. Das Foto sollte die Leute zum Lachen bringen, und genau das taten sie auch.

Hier haben Sie also die verschollenen Kapitel von *Forellenfischen in Amerika*. Ihr Stil ist wahrscheinlich ein wenig anders, weil ich jetzt auch ein wenig anders bin, ich bin vierunddreißig, und sie waren wahrscheinlich auch in einer etwas anderen Form abgefaßt. Es ist interessant, daß ich sie nicht schon 1961 neu geschrieben habe, sondern bis zum 4. Dezember 1969, fast ein Jahrzehnt, gewartet habe und erst dann versucht habe, hinzugehen und sie mit zurückzubringen.

Das Wetter in San Francisco

Es war ein bewölkter Nachmittag und ein italienischer Fleischer verkaufte ein Pfund Fleisch an eine sehr alte Frau, aber was kann denn eine so alte Frau schon mit einem Pfund Fleisch anfangen?
　Sie war zu alt für soviel Fleisch. Vielleicht benutzte sie es als Bienenstock und hatte fünfhundert goldene Bienen daheim, die auf das Fleisch warteten und deren Körper prall mit Honig gefüllt waren.
　»Was hätten Sie denn heute gern?« fragte der Fleischer. »Wir haben gutes Hackfleisch da. Es ist mager.«
　»Ich weiß nicht«, sagte sie. »Mit Hackfleisch ist das so eine Sache.«
　»Ja, es ist mager. Ich habs selber durch die Maschine gelassen. Ich hab viel mageres Fleisch reingetan.«
　»Hackfleisch ist wohl nicht das Richtige«, sagte sie.
　»Ja«, sagte der Fleischer. »Heut ist ein guter Tag für Hackfleisch. Schaun Sie doch mal raus. Es ist bewölkt. Ein paar von den Wolken sehen sehr nach Regen aus. Ich würde Hackfleisch nehmen«, sagte er.
　»Nein«, sagte sie. »Ich will kein Hackfleisch,

und ich glaub nicht, daß es regnet. Ich glaub, daß die Sonne noch rauskommt und daß es noch ein sehr schöner Tag wird, und ich will ein Pfund Leber.«

Der Fleischer war geschockt. Er verkaufte nicht gern Leber an alte Damen. Irgendwas machte ihn dabei immer nervös. Er hatte jetzt keine Lust mehr, mit ihr zu reden.

Widerwillig säbelte er ein Pfund Leber von einem riesigen roten Fleischklumpen ab, wickelte es in weißes Papier ein und steckte es in eine braune Tüte. Das Ganze war ein sehr unangenehmes Erlebnis für ihn.

Er nahm ihr Geld entgegen, gab ihr heraus und zog sich in die Geflügelabteilung zurück, um wieder ein wenig Abstand von den Dingen zu gewinnen. Die alte Frau benutzte ihre Knochen wie das Segelwerk eines Schiffs und steuerte auf die Straße hinaus. Sie trug die Leber stolz wie einen Sieg und ging so dahin, bis sie zu einem sehr steilen Hügel kam.

Sie stieg den Hügel hinauf, und weil sie sehr alt war, fiel ihr das sehr schwer. Sie wurde müde und mußte oft stehenbleiben und verschnaufen, bis sie oben ankam.

Oben auf dem Hügel stand das Haus der alten Frau: ein schmalbrüstiges San Francisco-Haus mit Erkerfenstern, in denen sich ein bewölkter Tag spiegelte.

Sie öffnete ihre Tasche, die wie eine kleine Herbstwiese war, und fand, neben den abgebrochenen Zweigen eines alten Apfelbaums, ihre Schlüssel.

Dann machte sie die Tür auf. Die Tür war eine alte verläßliche Freundin. Sie nickte der Tür zu und ging ins Haus hinein und einen langen Flur hinunter in ein Zimmer, das voller Bienen war.

Überall im Zimmer waren Bienen. Bienen auf den Stühlen. Bienen auf dem Bild ihrer toten Eltern. Bienen auf den Vorhängen. Bienen auf einem altertümlichen Radio, das einmal den 30er Jahren zugehört hatte. Bienen auf ihrem Kamm und ihrer Bürste.

Die Bienen kamen zu ihr und schwirrten verliebt um sie herum, während sie die Leber auswickelte und auf ein wolkiges Silbertablett legte, das sich bald in einen sonnigen Tag verwandelte.

Komplizierte Bankprobleme

Ich habe ein Bankkonto, weil es mir zu dumm geworden ist, mein Geld im Hinterhof zu vergraben, und weil noch etwas anderes passiert ist. Als ich vor ein paar Jahren Geld vergrub, bin ich auf ein menschliches Skelett gestoßen.

Das Skelett hatte die Überreste einer Schaufel in der einen Hand und eine halb aufgelöste Kaffeedose in der anderen. In der Kaffeedose war eine Art Roststaubmasse, die wahrscheinlich einmal Geld gewesen war, und jetzt hab ich eben ein Bankkonto.

Aber das bewährt sich meistens auch nicht besonders. Wenn ich da in der Schlange warte, stehen fast immer Leute vor mir, die komplizierte Bankprobleme haben. Und ich steh da und muß diese amerikanischen Geldsachen, diese Witzblattkreuzigungen ertragen.

Es geht ungefähr so: Drei Leute stehen vor mir. Ich muß einen kleinen Scheck einlösen, eine Angelegenheit von einer Minute. Der Scheck ist schon geprüft. Ich halte ihn in der Hand, er zeigt in Richtung Kassierer.

Am Schalter wird gerade eine fünfzigjährige Frau bedient. Obwohl es ein heißer Tag ist, hat sie einen langen schwarzen Mantel an. Sie fühlt sich in dem Mantel anscheinend sehr wohl, und ein seltsamer Geruch geht von ihr aus. Ich überlege ein paar Sekunden, und dann geht mir auf, daß das das erste Anzeichen eines komplizierten Bankproblems ist.

Dann greift sie in die Falten ihres Mantels und zieht den Schatten eines Kühlschranks heraus, der mit saurer Milch und jahrealten Karotten gefüllt ist. Sie will den Schatten auf ihr Sparkonto einzahlen. Den Einzahlungsschein hat sie schon ausgefüllt.

Ich schau an die Decke der Schalterhalle und tu so, als wäre sie die Sixtinische Kapelle.

Die alte Frau leistet ganz schön Widerstand, bevor sie abgeführt wird. Auf dem Fußboden ist eine Menge Blut. Sie hat einem der Wächter ein Ohr abgebissen.

Man muß ihren Schneid wirklich bewundern.

Der Scheck in meiner Hand lautet auf zehn Dollar.

Die nächsten beiden Leute in der Reihe sind in Wirklichkeit nur eine Person. Sie sind ein siamesisches Zwillingspaar, aber jeder hat sein eigenes Sparbuch.

Der eine zahlt zweiundachtzig Dollar auf sein Sparkonto ein, und der andere löst sein Sparkonto auf. Der Kassierer zählt ihm 3574 Dollar hin, und er steckt sie in die Tasche auf seiner Hosenhälfte.

Das dauert alles seine Zeit. Ich schau wieder an die Decke der Schalterhalle, aber ich kann nicht mehr so tun, als wäre sie die Sixtinische Kapelle. Mein Scheck ist so verschwitzt, als wäre er schon 1929 ausgestellt worden.

Der Letzte zwischen mir und dem Kassierer hat

ein total anonymes Gesicht. Er ist so anonym, daß er kaum vorhanden ist.

Er legt 237 Schecks auf den Schaltertisch, die er auf sein Girokonto einzahlen will. Die Gesamtsumme beträgt 489 000 Dollar. Er will auch noch 611 Schecks auf sein Sparkonto einzahlen; Gesamtbetrag 1 754 961 Dollar.

Seine Schecks bedecken den Schaltertisch vollständig wie ein erfolgreicher Schneesturm. Der Kassierer beginnt mit seiner Arbeit, als wäre er ein Langstreckenläufer, und ich steh da und überlege, ob das Skelett im Hinterhof am Ende nicht doch die richtige Entscheidung getroffen hat.

Ein hohes Gebäude in Singapur

Es ist ein hohes Gebäude in Singapur, in dem das einzig Schöne dieses San-Francisco-Tages liegt, an dem ich die Straße hinuntergehe, mich schrecklich fühle und mein Hirn beobachte, das mit der Effizienz eines pflaumenweichen Bleistifts arbeitet.

Eine junge Mutter geht an mir vorbei und redet mit ihrer kleinen Tochter, die wirklich noch zu klein ist, um schon reden zu können, aber sie redet trotzdem, und zwar sehr aufgeregt, mit ihrer Mutter über irgendwas. Ich bekomme nicht ganz genau mit, was sie sagt, weil sie noch so klein ist.

Ich meine, sie ist wirklich winzig.

Dann antwortet ihre Mutter und läßt meinen Tag mit einem blödsinnigen Lichtschein explodieren. »Es war ein hohes Gebäude in Singapur«, sagte sie zu der Kleinen, die begeistert wie ein heller, klangfarbener Pfennig antwortet: »Ja, es war ein hohes Gebäude in Singapur!«

Ein unbegrenzter Vorrat an 35-Millimeter Film

Die Leute können sich nicht erklären, warum er mit ihr zusammen ist. Sie begreifen es nicht. Er sieht so gut aus, und sie ist so unscheinbar. »Was sieht er denn nur in ihr?« fragen sie sich und fragt einer den andern. Am Kochen kann es nicht liegen, das wissen sie, denn sie ist keine gute Köchin. Ungefähr das einzige, was sie kochen kann, ist ein halbwegs anständiger Hackbraten. Sie macht ihn jeden Dienstagabend, und am Mittwoch bekommt er dann immer ein Hackbraten-Sandwich mit zur Arbeit. Jahre vergehen. Sie bleiben beisammen, während ihre Freunde auseinandergehen.

Der Ansatz zu einer Antwort liegt, wie bei so vielen solcher Dinge, in dem Bett, in dem sie miteinander schlafen. Sie wird hier das Kino, in dem er Filme seiner sexuellen Träume spielt. Ihr Körper ist wie weiche, lebendige Sitzreihen in einem Kino, die hinunterführen zu einer Vagina, der warmen Leinwand seiner Phantasie, wo er mit all den Frauen schläft, die er wie quecksilberschnell vorbeihuschende Filme sieht und begehrt, aber sie weiß überhaupt nichts davon.

Alles, was sie weiß, ist, daß sie ihn sehr liebt und daß es immer Spaß macht mit ihm und daß es ihr sehr gut tut. Ungefähr um vier Uhr nachmittags wird sie immer sehr aufgeregt, weil sie weiß, daß er um fünf Uhr von der Arbeit heimkommt.

Er hat schon mit Hunderten von Frauen in ihr geschlafen. Alle seine Träume gingen in ihr in Erfüllung, wenn sie in seiner Berührung dalag wie ein schlichtes, zufriedenes Kino und nur an ihn dachte.

»Was sieht er denn nur in ihr?« fragen sich die Leute immer noch und fragt einer den andern. Sie sollten es besser wissen. Die entscheidende Antwort ist sehr einfach. Es ist alles in seinem Kopf.

Das Scarlatti-Turnier

»Es ist sehr schwierig, in einer Atelierwohnung in San Jose mit einem Mann zu wohnen, der Geigenspielen lernt.« Das sagte sie zu den Polizisten, als sie ihnen den leeren Revolver gab.

Die wilden Vögel des Himmels

I'd rather dwell in some dark holler
where the sun refuses to shine,
where the wild birds of heaven
can't hear me when I whine.
— *Folk Song*

Es stimmt schon. Die Kinder hatten sich seit Wochen über den Fernsehapparat beklagt. Das Bild ging immer weg, und der Tod, von dem John Donne so innig gesprochen hat, drang rasch vom oberen Bildrand her ins Abendprogramm vor, und ab und zu tanzten Streifen und Punkte wie betrunkene Friedhöfe durch das Programm.

Mr. Henly war ein ganz normaler Amerikaner, aber seine Kinder wußten allmählich weder ein noch aus. Er arbeitete bei einer Versicherung und hielt dort die Toten und die Lebenden voneinander getrennt. Sie waren in Aktenschränken. Alle im Büro sagten, er hätte noch eine große Zukunft vor sich.

Als er eines Tages von der Arbeit nach Hause kam, warteten seine Kinder schon auf ihn. Sie sagten es klipp und klar heraus: wenn er nicht einen neuen Fernsehapparat kaufte, bliebe ihnen nur noch der Ausweg in die Jugendkriminalität.

Sie zeigten ihm ein Foto, auf dem fünf jugendliche Kriminelle eine alte Frau vergewaltigten. Einer der jugendlichen Kriminellen schlug die alte Frau mit einer Fahrradkette auf den Kopf.

Mr. Henly ging unverzüglich auf die Forderung seiner Kinder ein. Alles, wenn ihr bloß dieses schreckliche Foto wegtut. Dann kam seine Frau herein und sagte das Netteste, was sie seit der Geburt der Kinder zu ihm gesagt hatte: »Besorg doch einen neuen Fernseher für die Kinder. Du bist doch nicht irgendein Unmensch!«

Am nächsten Tag fand sich Mr. Henly vor dem Frederick Crow Department Store wieder, und auf dem Schaufenster klebte ein riesiges Schild. Der Text war sehr poetisch:

TV-SONDERPREISE.

Er ging hinein und fand sofort einen Videoschnuller mit einer 107-cm Röhre und eingebauten Nabelschnüren. Ein Verkäufer kam auf ihn zu und verkaufte ihm das Gerät, indem er sagte: »Tach, der Herr.«

»Ich nehm ihn«, sagte Mr. Henly.

»Bar oder auf Kredit?«

»Auf Kredit.«

»Haben Sie schon eine Kreditkarte von uns?« Der Verkäufer schaute auf Mr. Henlys Füße hinunter. »Nein, Sie haben noch keine«, sagte er. »Geben Sie mir einfach Ihren Namen und Ihre Adresse, und der Fernseher ist schon da, wenn Sie heimkommen.«

»Was ist mit meinem Kredit?« fragte Mr. Henly.

»Das ist überhaupt kein Problem«, sagte der Verkäufer. »Unsere Kreditabteilung erwartet Sie schon.«

»Oh«, sagte Mr. Henly.

Der Verkäufer zeigte ihm den Weg nach hinten zur Kreditabteilung. »Sie werden schon erwartet.«

Und der Verkäufer hatte recht. Ein sehr hübsches Mädchen saß an einem Schreibtisch. Sie war wirklich wunderschön. Sie sah aus wie eine Mischung aus all den sehr hübschen Mädchen, die man auf Zigarettenanzeigen und im Fernsehen sieht.

Jungejunge! Mr. Henly holte seine Schachtel heraus und steckte sich eine Zigarette an. Er war schließlich kein Idiot.

Das Mädchen lächelte und sagte: »Kann ich Ihnen helfen?«

»Ja. Ich will einen Fernseher auf Kredit kaufen, und ich möchte ein Konto bei Ihnen eröffnen. Ich stehe in einem festen Arbeitsverhältnis, habe drei Kinder, und ich kaufe gerade ein Haus und ein Auto. Ich hab überall Kredit«, sagte er. »Ich bin schon mit 25 000 Dollar verschuldet.«

Mr. Henly erwartete, daß das Mädchen irgendwo anrufen würde, um seine Kreditwürdigkeit zu prüfen oder daß sie irgendwas täte, um herauszufinden, ob das mit den 25 000 Dollar stimmte.

Sie tat nichts dergleichen.

»Das geht schon in Ordnung«, sagte sie. »Der Apparat gehört Ihnen. Gehen Sie einfach da drüben rein.«

Sie zeigte auf ein Zimmer mit einer schweren Holztür; das Holz war von einer bizarren Maserung durchzogen, die aussah wie Erdbebenspalten, die sich durch einen Wüstenmorgen ziehen. Die Maserung war voller Licht.

Der Türknopf war aus reinem Silber. Es war die Tür, die Mr. Henly schon immer öffnen wollte. Seine Hand hatte sich ihre Form erträumt, während Millionen von Jahren ins Meer gesunken waren.

Über der Tür hing ein Schild:
SCHMIEDE.

Er öffnete die Tür und ging hinein und drinnen erwartete ihn ein Mann. Der Mann sagte: »Ziehen Sie bitte die Schuhe aus.«

»Ich will bloß die Formulare unterschreiben«, sagte Mr. Henly. »Ich stehe in einem festen Arbeitsverhältnis. Ich zahle pünktlich.«

»Machen Sie sich deswegen keine Sorgen«, sagte der Mann. »Ziehen Sie einfach die Schuhe aus.«

Mr. Henly zog seine Schuhe aus.

»Die Socken auch.«

Er tat auch das und fand es eigentlich nicht seltsam, denn schließlich hatte er kein Geld für den Fernseher. Der Fußboden war nicht kalt.

»Wie groß sind Sie denn?« fragte der Mann.

»Einsachtzig.«

Der Mann ging zu einem Aktenschrank und zog eine Schublade heraus, auf der 1,80 stand. Der Mann nahm einen Plastikbeutel heraus und machte die Schublade wieder zu. Mr. Henly fiel ein guter Witz ein, den er dem Mann erzählen wollte, aber dann hatte er ihn plötzlich wieder vergessen.

Der Mann öffnete die Tüte und nahm den Schatten eines riesengroßen Vogels heraus. Er breitete den Schatten aus, als wäre er eine Hose.

»Was ist denn das?«

»Das ist der Schatten eines Vogels«, sagte der Mann, ging zu dem Stuhl, auf dem Mr. Henly saß und legte den Schatten neben seine Füße auf den Boden.

Dann nahm er einen seltsam aussehenden

Hammer und zog die Nägel aus Mr. Henlys Schatten, die Nägel, mit denen er an seinem Körper befestigt war. Der Mann legte den Schatten sehr sorgfältig zusammen. Er legte ihn auf einen Stuhl neben Mr. Henly.

»Was machen Sie denn da?« sagte Mr. Henly. Er hatte keine Angst. Er war bloß ein bißchen neugierig.

»Ich mach den Schatten dran«, sagte der Mann und nagelte ihm den Vogelschatten an die Füße. Wenigstens tat es nicht weh.

»So, das hätten wir«, sagte der Mann. »Sie haben 24 Monate Zeit, den Fernseher zu bezahlen. Wenn Sie den Apparat abbezahlt haben, tauschen wir den Schatten wieder aus. Er steht Ihnen ziemlich gut.«

Mr. Henly starrte auf den Vogelschatten hinunter, der von seinem Körper ausging. Sieht nicht schlecht aus, dachte er.

Als er aus dem Zimmer ging, sagte das schöne Mädchen hinter dem Schreibtisch: »Sie haben sich aber verändert.«

Es war ein Genuß für Mr. Henly, sich mit ihr zu unterhalten. In vielen langen Ehejahren hatte er vergessen, was Sex wirklich bedeutete.

Er langte in seine Tasche nach einer Zigarette und entdeckte, daß er alle aufgeraucht hatte. Er wurde sehr verlegen. Das Mädchen starrte ihn an, als wäre er ein kleines Kind, das etwas angestellt hatte.

Winterteppich

Meine Qualifikationen? Natürlich. Ich hab sie in der Tasche: ich hab Freunde gehabt, die in Kalifornien gestorben sind, und ich trauere um sie auf meine Art. Ich bin in Forest Lawn gewesen und wie ein lebhaftes Kind über die Gräber gesprungen. Ich habe *The Loved One* gelesen, *The American Way of Death*, *Wallets in Shrouds* und mein Lieblingsbuch *After Many a Summer Dies the Swan*.

Ich hab schon Männer vor Leichenhäusern gesehen, die neben Leichenwagen standen und mit Walkie-Talkies Beerdigungen dirigierten, Befehle erteilen, als wären sie Offiziere in einem metaphysischen Krieg.

Oh, ja: Ich bin einmal mit einem Freund an einem verluderten Hotel in San Francisco vorbeigegangen, als sie gerade eine Leiche heraustrugen. Die Leiche war geschmackvoll in ein weißes Laken gehüllt, und vier oder fünf chinesische Statisten schauten zu, und vor dem Hotel parkte ein sehr langsamer Krankenwagen, der einer gesetzlichen Bestimmung nach keine Sirene haben und nicht schneller als sechzig Kilometer die Stunde fahren durfte und der im Verkehr keinerlei aggressives Verhalten zeigten durfte.

Mein Freund schaute die Frauen- oder Männerleiche an, als sie vorbeikam, und sagte: »Tot sein ist schon einen Grad besser, als in dem Hotel da zu wohnen.«

Wie Sie sehen können, bin ich ein Experte, was den Tod in Kalifornien betrifft. Meine Qualifikationen halten der genauesten Überprüfung stand. Ich bin qualifiziert, mit einer anderen Geschichte fortzufahren, die mir ein Freund erzählt hat, der auch als Gärtner für eine sehr wohlhabende alte Frau in Marin County arbeitet. Sie hatte einen neunzehn Jahre alten Hund, den sie sehr liebte, und der Hund erwiderte diese Liebe, indem er nur sehr langsam an Altersschwäche starb.

Jeden Tag, wenn mein Freund zur Arbeit kam, war der Hund schon ein wenig mehr gestorben. Längst war die normale und schickliche Lebenszeit für den Hund abgelaufen, aber er war schon so lange am Sterben, daß er den Weg zum Tod aus den Augen verloren hatte.

Das passiert hier vielen alten Leuten. Sie werden so alt und leben so lange mit dem Tod, daß sie vom Weg abkommen, wenn es dann wirklich Zeit zum Sterben ist.

Manchmal dauert es Jahre, bis sie wieder zurückfinden. Es ist schrecklich, wenn man sieht, wie sie sich noch so grade am Leben halten. Schließlich werden sie vom Gewicht ihres eigenen Blutes erdrückt.

Wie dem auch sei, die alte Frau konnte am Ende das senile Siechtum ihres Hundes nicht mehr ertragen und rief einen Tierarzt an, der vorbeikommen und den Hund einschläfern sollte.

Sie beauftragte meinen Freund, einen Sarg für den Hund zu zimmern, was er auch tat. Er nahm an, Hundesärge zu machen wäre eine Zusatzbestimmung für das Gärtnereigewerbe in Kalifornien.

Der Totenarzt fuhr zu ihrem Anwesen hinaus und kam bald mit einer kleinen schwarzen Tasche in der Hand in ihrem Haus an. Das war ein Fehler. Es hätte eine große, pastellfarbene Tasche sein sollen. Als die alte Frau die kleine schwarze Tasche sah, wurde sie sichtlich bleich. Soviel unnötige Realität machte ihr Angst, deshalb schickte sie den Tierarzt mit einem großzügigen Scheck in der Tasche wieder weg.

Den Tierarzt wegzuschicken, löste aber leider Gottes nicht das Hauptproblem des Hundes: Er war so senil, daß der Tod eine Lebensform für ihn geworden war, und er war schon völlig vom Sterben abgekommen.

Am nächsten Tag ging der Hund in eine Zimmerecke und schaffte es einfach nicht mehr, herauszukommen. Er stand stundenlang da, bis er vor Erschöpfung zusammenbrach, was praktischerweise in dem Moment passierte, in dem die alte Frau auf der Suche nach den Schlüsseln für ihren Rolls-Royce ins Zimmer kam.

Sie fing an zu weinen, als sie ihn wie eine Hundepfütze da in der Ecke liegen sah. Sein Gesicht war noch gegen die Wand gedrückt und seine Augen tränten auf eine menschliche Art, wie das bei Hunden passiert, wenn sie zu lange mit Menschen zusammenleben und ihre schlechtesten Eigenschaften annehmen.

Ihr Mädchen mußte den Hund zu seinem Teppich tragen. Der Hund hatte einen chinesischen Teppich, auf dem er schon von klein auf geschlafen hatte, als er noch in China war, vor dem Sturz

Tschiang Kai-scheks. Der Teppich hatte eine oder zwei Dynastien überdauert, er war damals schon tausend amerikanische Dollars wert.

Der Teppich war jetzt viel mehr wert, weil er in einem ziemlich hervorragenden Zustand war und wirklich nicht stärker abgenutzt war, als wenn er ein paar Jahrhunderte in einem Schloß gelagert hätte.

Die alte Frau rief den Tierarzt wieder an und er kam mit seiner kleinen schwarzen Requisitentasche und einer Methode, mit der man den Weg zum Sterben wieder finden konnte, wenn man ihn über Jahre hinweg aus den Augen verloren hatte, über Jahre, die einen so weit brachten, daß man einer Zimmerecke in die Falle ging.

»Wo ist denn Ihr Kleiner?« fragte er.

»Auf seinem Teppich«, sagte sie.

Der Hund hatte alle viere von sich gestreckt und lag erschöpft auf wunderschönen chinesischen Blumen und Dingen aus einer anderen Welt. »Bitte machen Sie es auf seinem Teppich«, sagte sie. »Ich glaube, er möchte es so.«

»Selbstverständlich«, sagte er. »Machen Sie sich keine Sorgen. Er spürt nicht das Geringste. Es ist schmerzlos. Er schläft einfach ein.«

»Leb wohl, Charlie«, sagte die alte Frau. Der Hund hörte sie natürlich nicht. Er war schon seit 1959 taub.

Nachdem sie dem Hund Lebewohl gesagt hatte, ging die alte Frau ins Bett. Sie verließ das Zimmer gerade, als der Tierarzt seine kleine schwarze Tasche aufmachte. Der Tierarzt brauchte dringend PR-Unterstützung.

Danach brachte mein Freund den Sarg ins Haus, um den Hund zu holen. Ein Dienstmädchen hatte die Leiche in den Teppich gehüllt. Die alte Frau bestand darauf, daß der Hund mit seinem Teppich in einem Grab beim Rosengarten beerdigt würde, und er sollte mit dem Kopf nach Westen liegen, in Richtung China. Mein Freund beerdigte den Hund so, daß der Kopf in Richtung Los Angeles zeigte.

Als er den Sarg hinaustrug, hob er den Deckel hoch und warf nochmal einen Blick auf den Tausend-Dollar-Teppich. Ein wunderschönes Muster, dachte er. Man müßte ihn nur ein wenig absaugen, und er wäre so gut wie neu.

Mein Freund gilt im allgemeinen nicht als sentimental. Blöde Hundsleiche! dachte er, als er sich dem Grab näherte. Verdammte Hundsleiche!

»Aber ich habs getan«, sagte er zu mir. »Ich hab den Hund mitsamt seinem Teppich begraben, und ich weiß auch nicht warum. Das werd ich mich wohl ewig fragen. Manchmal im Winter, wenn es nachts regnet, denk ich an den Teppich in dem Grab da unten, in den ein Hund eingewickelt ist.«

Ernest Hemingways Sekretärin

Es klingt wie geistliche Musik. Ein Freund von mir ist gerade aus New York zurückgekommen, wo Ernest Hemingways Sekretärin ein paar Sachen für ihn getippt hat.

Er ist ein erfolgreicher Schriftsteller, deshalb hat er sich die allerbeste genommen, und das ist zufällig die Frau, die für Ernest Hemingway getippt hat. Das reicht, um einem den Atem zu verschlagen, die Lungen mit Schweigen zu marmorieren.

Ernest Hemingways Sekretärin!

Sie ist der wahr gewordene Traum jedes jungen Schriftstellers: mit ihren Händen, die wie ein Spinett sind und der gesammelten Intensität ihres Blicks, und auf alles folgt der tiefe Klang ihrer Schreibmaschine.

Er zahlte ihr fünfzehn Dollar die Stunde. Das ist mehr Geld, als ein Klempner oder ein Elektriker bekommt.

$120 am Tag! fürs Tippen!

Er sagte, daß sie einem alles macht. Man gibt ihr einfach die Vorlage und wie ein Wunder erscheint eine attraktive, korrekte Orthographie und eine Interpunktion, die so wunderschön ist, daß einem die Tränen kommen und Absätze, die aus-

sehen wie griechische Tempel. Und sie schreibt einem sogar Sätze zu Ende.
 Sie ist Ernest Hemingways
 Sie ist Ernest Hemingways Sekretärin.

Hommage für den CVJM San Francisco

Es war einmal ein Mann in San Francisco, der die schöneren Dinge des Lebens wirklich schätzte, besonders die Lyrik. Er schätzte gute Verse.

Er konnte es sich leisten, sich seiner Neigung hinzugeben, was bedeutete, daß er nicht arbeiten mußte, weil er eine großzügige Rente bezog, die das Ergebnis einer Investition seines Großvaters war, der in den zwanziger Jahren Geld in eine recht einträglich laufende private Nervenklinik in Südkalifornien gesteckt hatte.

Sie war, wie man so sagt, ein florierendes Unternehmen, und sie lag im San Fernando Valley, gleich außerhalb von Tarzana. Sie gehörte zu den Kliniken, die nicht aussehen wie eine Nervenklinik. Sie sah aus wie etwas anderes, und überall waren Blumen, meistens Rosen.

Die Schecks kamen immer am 1. und 15. jeden Monats, auch dann, wenn an dem Tag keine Postzustellung war. Der Mann besaß ein hübsches Haus in Pacific Heights, und wenn er ausging, kaufte er immer Lyrik. Natürlich hatte er noch nie einen Dichter persönlich kennengelernt. Das wäre doch ein wenig zuviel gewesen.

Eines Tages kam er zu dem Schluß, daß seine

Neigung zur Lyrik bloß durchs Gedichtelesen oder durchs Anhören von Lyrikplatten nicht voll realisiert werden konnte. Er beschloß, die Installationen in seinem Haus zu entfernen und sie vollständig durch Lyrik zu ersetzen, und das machte er dann auch.

Er stellte das Wasser ab, baute die Leitungsrohre aus und ersetzte sie durch John Donne. Die Leitungen sahen nicht gerade glücklich aus. Er entfernte die Badewanne und stellte William Shakespeare an ihren Platz. Die Badewanne wußte nicht, wie ihr geschah.

Er baute das Spülbecken in seiner Küche aus und setzte Emily Dickinson ein. Das Spülbecken konnte ihn nur noch verwundert anstarren. Er baute das Waschbecken in seinem Badezimmer aus und setzte Wladimir Majakowski ein. Das Waschbecken brach, obwohl das Wasser abgestellt war, in Tränen aus.

Er nahm seinen Boiler heraus und ersetzte ihn durch Michael McClures Gedichte. Der Boiler verlor fast den Verstand. Schließlich baute er seine Toilette aus und ersetzte sie durch die weniger bedeutenden Dichter. Die Toilette überlegte, ob sie auswandern sollte.

Und jetzt war die Zeit dafür gekommen, zu prüfen, wie alles funktionierte und die Früchte seiner erstaunlichen Arbeit zu genießen. Christoph Kolumbus' etwas verwegene Segelfahrt nach Westen war im Vergleich dazu nur der Schatten eines trostlosen Unterfangens. Er stellte das Wasser wieder an und inspizierte die Realisierung seiner Vision. Er war ein glücklicher Mann.

»Ich nehme jetzt mal ein Bad«, beschloß er zur Feier des Tages. Er versuchte, Michael McClure warmzumachen und in William Shakespeare zu baden, und was dann geschah, war nicht ganz das, was er geplant hatte.

»Ich kann ja auch abspülen«, sagte er. Er versuchte, ein paar Teller in »Ich koste nie gebrauten Trank« zu waschen und entdeckte, daß es schon einen Unterschied gab zwischen diesem Trank und einem Spülbecken. Verzweiflung zog herauf.

Er versuchte, auf die Toilette zu gehen, aber die weniger bedeutenden Dichter brachten überhaupt nichts. Sie fingen an, über ihre Karrieren zu quatschen, während er dasaß und zu scheißen versuchte. Einer von ihnen hatte 197 Sonette über einen Pinguin geschrieben, und er fand, da wäre schon ein Pulitzer-Preis drin.

Plötzlich begriff der Mann, daß Lyrik Installationen nicht ersetzen konnte. Ihm war ein Licht aufgegangen, wie man in so einem Fall sagt. Er beschloß unverzüglich, die Lyrik herauszunehmen und alles wieder einzubauen, die Leitungen, die Becken, die Badewanne, den Boiler und die Toilette.

»Es hat einfach nicht so funktioniert wie ich dachte«, sagte er. »Ich muß die Installationen wieder einbauen. Und die Lyrik rausnehmen.« Das schien ihm nur vernünftig zu sein, jetzt, wo er im grellen Licht des Mißerfolgs nackt dastand.

Aber dann geriet er in noch größere Schwierigkeiten als zuvor. Die Lyrik wollte nicht gehen. Es machte ihr großen Spaß, den Platz der alten Installationen einzunehmen.

»Ich mach mich doch großartig als Spülbekken«, sagte Emily Dickinsons Lyrik.

»Wir sehen wunderbar aus als Toilette«, sagten die weniger bedeutenden Dichter.

»Wir sind famose Leitungsrohre«, sagten John Donnes Gedichte.

»Ich bin ein tadelloser Boiler«, sagte Michael McClures Lyrik.

Im Badezimmer sang Wladimir Majakowski neue Wasserhähne – es gibt Wasserhähne jenseits des Leidens –, und William Shakespeares Gedichte strahlten und lächelten.

»Für euch ist das wirklich toll und prima«, sagte der Mann. »Aber ich brauche Installationen in meinem Haus, *wirkliche* Installationen. Und die Betonung liegt auf *wirklich*. Wirklich! Gedichte schaffen das nicht. Stellt euch doch den Realitäten«, sagte der Mann zu den Gedichten.

Aber die Gedichte weigerten sich zu gehen. »Wir bleiben.« Der Mann drohte mit der Polizei. »Mach nur zu und sperr uns ein, du Analphabet«, sagten die Gedichte wie aus einem Mund.

»Ich ruf die Feuerwehr!«

»Bücherverbrenner!« schrien die Gedichte.

Der Mann fing an, die Gedichte zu schlagen. Es war das allererste Mal, daß er in eine Schlägerei verwickelt war. Er trat Emily Dickinsons Lyrik gegen die Nase.

Natürlich kamen die Gedichte Michael McClures und Wladimir Majakowskis sofort an und sagten auf englisch und auf russisch: »So gehts natürlich nicht«, und warfen ihn die Treppe hinunter, daß er bis zum nächsten Absatz flog. Er begriff seine Lektion.

Das war vor zwei Jahren. Der Mann wohnt jetzt im CVJM in San Francisco, und es gefällt ihm sehr gut. Er hält sich länger im Badezimmer auf als alle andern. Er geht immer nachts hinein, dreht das Licht aus und redet im Dunkeln mit sich selber.

Das hübsche Büro

Als ich zum ersten Mal daran vorbeikam, war es ein ganz normales Büro mit Schreibtischen und Schreibmaschinen und Aktenschränken und klingenden Telefonen und Leuten, die den Hörer abnahmen. Ein halbes Dutzend Frauen war dort beschäftigt, aber sie unterschieden sich in nichts von Millionen anderer Büroangestellter in Amerika, und keine von ihnen war hübsch.

Die Männer, die in dem Büro arbeiteten, waren alle etwa in mittleren Jahren, und nichts an ihnen deutete darauf hin, daß sie jemals in ihrer Jugend gut aussehend gewesen wären oder daß sie überhaupt etwas gewesen wären in ihrer Jugend. Sie sahen alle aus wie Leute, deren Namen man wieder vergißt.

Sie machten, was sie in dem Büro eben machen mußten. Es war kein Schild am Fenster oder über der Tür, das einem gesagt hätte, wofür das Büro da war, deshalb wußte ich auch nie, was die Leute da drin genau machten. Vielleicht waren sie eine Abteilung einer großen Firma, die ihren Sitz woanders hatte.

Die Leute schienen alle zu wissen, was sie taten, und deshalb dachte ich auch nicht weiter darüber nach, wenn ich, zweimal am Tag, vorbeikam: auf meinem Weg zur Arbeit, und wenn ich von der Arbeit nach Hause ging.

Ein Jahr oder so verging und nichts an dem Büro veränderte sich. Die Leute waren noch dieselben, und man konnte ein gewisses Maß an Betriebsamkeit feststellen: einfach noch ein kleines Fleckchen im Universum.

Dann, eines Tages, als ich auf meinem Weg zur Arbeit vorbeikam, waren alle die unscheinbaren Frauen, die da gearbeitet hatten, weg, verschwunden, als hätten sie sich mit der Luft in ein neues Arbeitsverhältnis eingelassen.

Sie hatten nicht die geringste Spur hinterlassen, und an ihrer Stelle waren sechs sehr hübsche Mädchen aufgetaucht: Blondinen und Brünette und weiter und weiter zu den verschiedenen hübschen Gesichtern und Körpern, zum erregend Weiblichen von diesem und jenem, zu formbetonten schicken Kleidern.

Man konnte große, freundlich aussehende Brüste sehen und kleine, vergnügte Brüste und ganz verführerische Hintern. Überall wo ich in diesem Büro hinschaute, ereignete sich, in punkto weiblichen Formenreichtums, etwas Erfreuliches.

Was war geschehen? Wo waren die anderen Frauen hin? Wo kamen diese Frauen hier her? Sie sahen alle aus, als wären sie neu in San Francisco. Wessen Idee war das denn? War das die letzte Konsequenz aus Frankenstein? Mein Gott, wir haben uns alle getäuscht!

Und jetzt ist es schon wieder ein Jahr, in dem ich an fünf Tagen in der Woche da vorbeigekommen bin und angestrengt durchs Fenster gestarrt habe und versucht habe, die ganze Sache zu begreifen: all diese hübschen Körper, die da drin ihre Arbeit verrichteten, was immer es ist. Vielleicht ist die Frau des Chefs, wer immer von den Männern da drin der Chef ist, gestorben, und das hier ist seine Rache für die Langeweile vieler Jahre, quitt werden nennt man das, oder vielleicht ist es ihm bloß zu dumm geworden, abends immer fernzusehen.

Oder was eben sonst passiert ist, ich weiß es nicht.

Drinnen im Büro nimmt ein Mädchen mit langem blondem Haar den Telefonhörer hoch. Und eine reizende Brünette legt etwas in einem Aktenschrank ab. Und eine mitreißende Spontane mit makellosen Zähnen radiert etwas aus. Und eine exotische Brünette trägt ein Buch durchs Büro. Und ein geheimnisvolles kleines Mädchen mit sehr großen Brüsten spannt einen Bogen Papier in eine Schreibmaschine. Und ein großes Mädchen mit einem herrlichen Mund und einem imposanten Hintern klebt eine Marke auf einen Briefumschlag.

Es ist ein hübsches Büro.

Wir brauchen mehr Gärten

Als ich hinkam, waren sie schon wieder dabei, den Löwen im Hinterhof zu begraben. Es war wie üblich ein hastig geschaufeltes Grab, wirklich nicht groß genug, um den Löwen zu fassen und mit einem Höchstmaß an Inkompetenz ausgehoben, und sie versuchten, den Löwen in die matschige kleine Grube zu packen.

Der Löwe nahm es, wie üblich, ziemlich stoisch hin. Da er in den letzten zwei Jahren schon mindestens fünfzigmal begraben worden war, hatte er sich schon daran gewöhnt, im Hinterhof begraben zu werden.

Ich erinnere mich noch, wie sie ihn zum ersten Mal begruben. Er wußte nicht, was los war. Er war damals noch ein jüngerer Löwe und er war verschreckt und verwirrt, aber jetzt wußte er, was los war, weil er ja ein älterer Löwe und schon oft begraben worden war.

Er wirkte leicht gelangweilt, als sie ihm die Vorderpfoten auf der Brust verschränkten und anfingen, ihm Dreck ins Gesicht zu werfen.

Es war absolut hoffnungslos. Der Löwe würde nie in die Grube passen. Er hatte noch nie in eine der Gruben im Hinterhof gepaßt, und er würde auch nie in eine passen. Sie konnten einfach keine genügend große Grube schaufeln, in der man den Löwen begraben konnte.

»Hallo«, sagte ich. »Die Grube ist zu klein.«

»Hallo«, sagten sie. »Nein, sie ist nicht zu klein.«

Das ist jetzt seit zwei Jahren unsere Standardbegrüßung.

Ich stand da und schaute ihnen eine Stunde oder so zu, wie sie sich verzweifelt bemühten, den Löwen zu begraben, aber sie schafften es nur, 1/4 von ihm zu begraben, dann gaben sie angewidert auf, standen herum und machten sich gegenseitig Vorwürfe, weil die Grube nicht groß genug war.

»Legt doch nächstes Jahr einen Garten hier an«, sagte ich. »Der Boden sieht aus, als wär er gut für Karotten.« Sie fanden das gar nicht lustig.

Der alte Bus

Ich tu, was alle andern auch tun: Ich lebe in San Francisco. Manchmal zwingt mich Mutter Natur, mit dem Bus zu fahren. Gestern zum Beispiel. Ich wollte an einen Ort außerhalb der Reichweite meiner Beine, weit draußen in der Clay Street, deshalb wartete ich auf einen Bus.

Es war nicht unangenehm, wir hatten einen schönen warmen Herbsttag, und es war ungeheuer klar. Eine alte Frau wartete mit mir. Kein ungewöhnliches Ereignis, wie man sagen könnte. Sie hatte eine große Handtasche und trug weiße Handschuhe, die straff wie Pflanzenschalen an ihren Händen saßen.

Ein Chinese fuhr auf einem Motorrad vorbei. Ich war ganz verdutzt. Ich hatte einfach noch nie daran gedacht, daß Chinesen Motorrad fahren. Manchmal paßt die Wirklichkeit schrecklich genau, wie die Pflanzenschalen an den Händen der alten Frau.

Ich war froh, als der Bus kam. Man verspürt immer ein gewisses Glücksgefühl, wenn der Bus kommt. Es ist natürlich eine kleine, spezialisierte Art von Glück, und es wird nie eine große Sache sein.

Ich ließ die alte Frau zuerst einsteigen und schritt

nach klassischem, mittelalterlichen Brauch hinter ihr, und fürstliche Parkettböden folgten mir in den Bus.

Ich warf meine fünfzeh Cent ein und bekam meinen gewohnten Umsteigfahrschein, obwohl ich keinen brauchte. Ich nehme immer einen Umsteigfahrschein. Dann hab ich während der Fahrt etwas mit meinen Händen zu tun. Ich *brauche* Aktivität.

Ich setzte mich hin und schaute mich im Bus um, wer alles da war, und es dauerte ungefähr eine Minute, bis ich merkte, daß etwas mit dem Bus nicht stimmte, und es dauerte ungefähr genau so lang, bis die anderen Leute merkten, daß etwas mit dem Bus nicht stimmte, und das, was nicht stimmte, war ich.

Ich war jung. Alle andern im Bus, ungefähr neunzehn Leute, waren Männer und Frauen in den Sechzigern, Siebzigern und Achtzigern, und ich war noch keine dreißig. Sie starrten mich an und ich starrte sie an. Wir waren alle bestürzt und verlegen.

Wie war das passiert? Warum waren wir plötzlich Akteure in diesem grausamen Schicksal und konnten den Blick nicht voneinander wenden?

Ein ungefähr achtundsiebzigjähriger Mann klammerte sich verzweifelt an seinem Revers fest. Eine vielleicht dreiundsechzigjährige Frau fing an, ihre Hände, Finger um Finger, durch ein weißes Taschentuch zu filtern.

Ich fühlte mich schrecklich, weil ich sie auf so grausame und ungewöhnliche Weise an ihre verlorene Jugend, an die Reise durch magere Jahre erinnert hatte. Warum wurden wir hier so zusammengeschmissen, als wären wir nichts als ein sonderbarer Salat, der auf den Sitzen eines gottverdammten Busses serviert wurde?

Ich stieg bei der nächstbesten Gelegenheit aus. Alle waren glücklich, mich gehen zu sehen, und keiner war glücklicher als ich.

Ich blieb stehen und schaute dem Bus nach, dessen seltsame Fracht jetzt in Sicherheit war, wie er langsam undeutlich wurde auf der Reise durch die Zeit und schließlich außer Sicht war.

Die Geisterkinder von Tacoma

Die Kinder von Tacoma, Washington, traten im Dezember 1941 in den Krieg ein. Für sie schien es das Nächstliegende zu sein, in die Fußstapfen ihrer Eltern und anderer Erwachsener zu treten, die sich verhielten, als verstünden sie, was geschah.
»Denkt an Pearl Harbor!« sagten sie.
»Verlaßt euch drauf!« sagten wir.
Ich war damals ein Kind, obwohl ich heute aussehe wie jemand anderer. Wir führten Krieg in Tacoma. Kinder können imaginäre Feinde genauso töten, wie Erwachsene wirkliche Feinde töten können. Es zog sich über Jahre hin.
Während des Zweiten Weltkriegs tötete ich persönlich 352 892 feindliche Soldaten, Verwundete gab es nicht. Kinder brauchen im Krieg sehr viel weniger Lazarette als Erwachsene. Kinder sehen die Sache mehr von der Alle-tot-keiner-lebt Seite.
Ich versenkte 987 Schlachtschiffe, 532 Flugzeugträger, 799 Kreuzer, 2 007 Zerstörer und 161 Transportschiffe. Transporte waren kein allzu interessantes Ziel: viel zuwenig Spaß und Herausforderung.
Ich versenkte auch 5 465 feindliche Schnellboote. Ich weiß auch nicht, warum ich soviele versenkte. Es ergab sich einfach so. Vier Jahre lang ver-

senkte ich, jedesmal wenn ich mich umdrehte, ein Schnellboot. Ich wundere mich immer noch darüber. 5 465 Schnellboote sind eine ganze Menge.

Ich versenkte nur drei U-Boote. U-Boote lagen einfach nicht auf meiner Linie. Mein erstes U-Boot versenkte ich im Frühjahr 1942. Im Dezember und Januar sausten eine Menge Kinder herum und versenkten links und rechts lauter U-Boote. Ich wartete.

Ich wartete bis April, und dann, eines Morgens auf dem Schulweg: PENG! mein erstes U-Boot, genau vor einem Lebensmittelladen. Ich versenkte mein zweites U-Boot 1944. Ich konnte es mir leisten, zwei Jahre zu waren, bevor ich noch eins versenkte.

Ich versenkte mein letztes U-Boot im Februar 1945, ein paar Tage nach meinem zehnten Geburtstag. Ich war nicht ganz zufrieden mit den Geschenken, die ich in diesem Jahr bekommen hatte.

Und dann erst der Himmel! Ich wagte mich in den Himmel hinauf, suchte dort den Feind, während der Mount Rainier sich wie ein kalter weißer General im Hintergrund erhob.

Ich war ein As als Pilot mit meiner P-38 und meiner Grumman Wildcat, meiner P-51 Mustang und meiner Messerschmitt. Ja, ganz richtig: Messerschmitt. Ich hatte eine erbeutet und ließ sie in einer besonderen Farbe anmalen, damit meine eigenen Leute nicht versehentlich versuchen würden, mich abzuschießen. Jeder kannte meine Messerschmitt, und der Feind mußte ganz verteufelt dafür bezahlen.

Ich schoß 8 942 Jagdflugzeuge ab, 6 420 Bomber und 51 kleinere Luftschiffe. Die meisten Luftschiffe schoß ich am Anfang ab, als der Krieg noch frisch und neu war. Später, irgendwann 1943, hörte ich auf, überhaupt noch Luftschiffe abzuschießen. Zu langsam.

Ich zerstörte auch noch 1 281 Panzer, 777 Brücken und 109 Ölraffinerien, weil ich wußte, wir waren im Recht.

»Denkt an Pearl Harbor!« sagten sie.

»Verlaßt euch drauf!« sagten wir.

Ich schoß die feindlichen Flugzeuge ab, indem ich die Arme ausstreckte, mit einem Mordstempo losrannte und aus Leibeskräften brüllte: RAT-tattattattattattattattattattatta!

Kinder machen sowas nicht mehr. Kinder machen jetzt andere Sachen, und weil Kinder andere Sachen machen, habe ich jetzt oft ganze Tage, an denen ich mich fühle wie der Geist eines Kindes und die Erinnerung an Kinderspiele prüfe wie einen Film, der nochmal abgespielt wird, wieder zurückgespielt wird in die Erde.

Und noch etwas anderes machte mir viel Spaß, als ich ein junger Flieger war. Ich stöberte zwei Taschenlampen auf und nachts gings dann los: ich streckte die Arme aus, links und rechts eine Taschenlampe, und war ein Nachtflieger und schwirrte durch die Straßen Tacomas.

Ich spielte auch zu Hause Flugzeug, mit vier Stühlen, die ich aus der Küche holte und zusammenstellte: zwei Stühle hintereinander als Rumpf und je ein Stuhl als Flügel.

Zu Hause spielte ich meistens Stuka-Angriffe. Die Stühle schienen dafür besonders geeignet. Meine Schwester saß immer in dem Sitz hinter mir und funkte dringende Meldungen an die Bodenstation.

»Wir haben nur noch eine Bombe, aber wir können doch den Flugzeugträger nicht entwischen lassen. Wir müssen die Bombe in den Schornstein werfen. Ende. Danke, Herr Hauptmann, Glück brauchen wir jetzt mehr als je. Ende.«

Meine Schwester sagte dann immer zu mir: »Glaubst du, du schaffst es?« und ich antwortete dann: »Na klar, halt deine Mütze fest.«

Deine Mütze
ist Weg Diese
Zwanzig Jahre
1. Januar
1965

Talk Show

Ich hör mir gerade eine Talk Show auf einem neuen Radio an, das ich vor ein paar Wochen gekauft habe. Es ist ein weißes UKW-Transistorradio aus Plastik. Ich kaufe selten etwas Neues, so daß es für meinen Geldbeutel eine ziemliche Überraschung war, als ich in ein italienisches Radiogeschäft ging und dieses Radio kaufte.

Der Verkäufer war sehr nett und erzählte mir, daß er schon über vierhundert von diesen Radios an Italiener verkauft hatte, die sich auf UKW eine Sendung in italienischer Sprache anhören wollten.

Ich weiß auch nicht warum, aber das hat mich irgendwie sehr beeindruckt. Es weckte in mir den Wunsch, das Radio zu kaufen, und so kam es, daß ich meinem Geldbeutel diese Überraschung bescherte.

Das Radio kostete $29,95.

Ich höre mir jetzt eine Talk Show an, weil es draußen stark regnet und weil ich nichts Besseres mit meinen Ohren anzufangen weiß. Während ich hier vor diesem neuen Radio sitze und zuhöre, erinnere ich mich an ein anderes neues Radio, das es einmal gegeben hat.

Ich glaube, ich war ungefähr zwölf Jahre alt,

oben im Pacific Northwest, wo Winter bedeutete, daß es immer regnete und matschig war.

Wir hatten ein altes Radio, ein Modell der 30er Jahre, mit einem riesigen Gehäuse, das aussah wie ein Sarg und ich hatte Angst davor, denn alte Möbel können Kindern Angst einjagen und lassen sie an Tote denken.

Das Radio war klangmäßig in einem ziemlich schlechten Zustand und es wurde immer schwieriger, meine Lieblingssendungen zu hören.

Das Radio war durch keinerlei Reparatur mehr zu retten. Es klammerte sich mit letzter Kraft an ein rührendes Geräusch.

Wir hätten schon lange ein neues Radio gebraucht, aber wir konnten uns keines leisten, weil wir zu arm waren. Schließlich hatten wir genug Geld für die Anzahlung beisammen und stapften durch den Matsch zu unserem Radiogeschäft.

Wir alle, meine Mutter und ich und meine Schwester, hörten uns lauter nagelneue Radios an, als wären wir im Paradies, bis wir die Auswahl auf das Radio eingeengt hatten, das wir dann kauften.

Es war atemberaubend schön mit seinem hübschen Holzgehäuse, das wie ein himmlisches Holzlager roch. Das Radio war ein Tischgerät, und das fanden wir natürlich auch sehr gut.

Wir gingen mit dem Radio durch matschige Straßen, die keine Bürgersteige hatten, nach Hause. Das Radio war in einem Schutzkarton, und ich mußte es tragen. Ich war ganz stolz darauf.

Das war eine der glücklichsten Nächte meines Lebens, als ich an einem nagelneuen Radio meine Lieblingssendungen hörte, während ein winterlicher Regensturm das Haus erschütterte. Jede Sendung klang, als wäre sie aus einem Diamanten geschnitten. Der Hufschlag von Cisco Kids Pferd glitzerte wie ein Ring.

Und jetzt sitz ich hier, glatzekriegenddickmittelalterlichjahrespäter, und höre mir am zweiten nagelneuen Radio meines Lebens eine Talk Show an, während Schatten desselben Sturms das Haus erschütterten.

Ich hab versucht dich jemandem zu beschreiben

Vor ein paar Tagen hab ich versucht, dich jemandem zu beschreiben. Du siehst keinem der Mädchen ähnlich, die ich kenne.

Ich konnte nicht sagen: »Naja, sie sieht genau so aus wie Jane Fonda, außer, daß sie rote Haare hat und einen anderen Mund, und natürlich ist sie kein Filmstar.«

Ich konnte das nicht sagen, weil du überhaupt nicht so aussiehst wie Jane Fonda.

Und so hab ich dich schließlich als einen Film beschrieben, den ich als Kind in Tacoma, Washington, gesehen habe. Es muß 1941 oder '42 gewesen sein: so um den Dreh herum. Ich glaube, ich war sieben oder acht oder sechs. Es war ein Film über die Elektrifizierung in der Landwirtschaft und ein tadelloser New Deal-Aufbaufilm aus den 30er Jahren, ein Lehrstück für Kinder.

Der Film handelte von Bauern, die auf dem Land wohnten und keinen elektrischen Strom hatten. Sie brauchten nachts, zum Nähen und Lesen, Laternen und sie hatten keine Haushaltsgeräte, Toaster oder Waschmaschinen, sie konnten nicht Radio hören.

Dann wurde ein Stauwerk mit großen elektrischen Generatoren gebaut, und sie stellten überall in der Gegend Masten auf und spannten Drähte über Felder und Weideland.

Es lag etwas unglaublich Heroisches einfach im Aufstellen der Masten, an denen die Drähte entlanglaufen konnten. Sie wirkten gleichzeitig altertümlich und modern.

Der Film zeigte dann die Elektrizität als einen jungen griechischen Gott, der zum Bauern kam und für immer die Finsternis aus seinem Leben schaffte.

Plötzlich, mit dem Umlegen eines Schalthebels, hatte der Bauer auf wunderbare Weise elektrisches Licht, in dessen Schein er in den dunklen Morgenstunden im Winter seine Kühe melken konnte.

Die Familie des Bauern konnte Radio hören, und sie hatten einen Toaster und viele helle Lampen, in deren Licht sie Kleider nähen und die Zeitung lesen konnten.

Es war wirklich ein toller Film, der mich so erregte, als würde ich »The Star-Spangled Banner« hören oder Fotos von Präsident Roosevelt sehen oder ihn am Radio hören.

»...Der Präsident der Vereinigten Staaten...«

Ich wollte, daß es überall auf der Welt Elektrizität gäbe. Ich wollte, daß alle Bauern auf der Welt Präsident Roosevelt am Radio hören könnten.

Und das ist die Art, auf die ich dich sehe.

Mit Trick-or-Treat in Schiffen zum Meer hinunter*

Als Kind spielte ich an Halloween immer, ich wäre ein Matrose und machte meine trick-or-treat Tour immer in Schiffen bis zum Meer hinunter. Mein Beutel mit Süßigkeiten und anderen Sachen hing am Ruder, und meine Halloweenmaske war mein Segelwerk, das durch die wunderschöne Herbstnacht glitt, und die Lampen auf den Veranden vor den Häusern leuchteten wie Anlaufhäfen.

Trickortreat war der Kapitän unseres Schiffs, und er sagte: »Wir bleiben nur kurze Zeit in diesem Hafen. Ich möchte, daß ihr alle an Land geht und euch vergnügt. Denkt nur daran, daß wir bei Morgengrauen lossegeln.« Mein Gott, er hatte recht! Wir segelten bei Morgengrauen.

---

*) »Trick or treat!« — mit diesem Ruf ziehen die Kinder an Halloween, dem Abend des 31. Oktober, von Haus zu Haus. Der Ruf bedeutet: entweder wir bekommen ein Geschenk (normalerweise Süßigkeiten), oder wir spielen euch einen Streich.

Brombeerfahrer

Die Brombeerstauden wucherten überall und schlängelten sich wie grüne Drachenschwänze an den Seiten einiger aufgelassener Lagerhäuser hinauf, die in einem Industriebezirk standen, der schon bessere Zeiten gesehen hatte. Die Stauden waren so riesig, daß die Leute Bretter wie Brücken darüberlegten, um an die guten Beeren in der Mitte zu kommen.

Es gab eine ganze Menge Brombeerbrücken. Ein paar bestanden aus fünf oder sechs Brettern, und man mußte vorsichtig balancieren, denn wenn man runterfiel, fiel man eineinhalb Meter tief in die Brombeerstauden, und an den Dornen konnte man sich ganz schön verletzen.

Man kam nicht einfach hierher, wenn man mal ein paar Brombeeren für einen Kuchen brauchte oder weil man Brombeeren mit Milch und Zucker essen wollte. Hierher kam man, wenn man Brombeeren für die Wintermarmelade holte oder wenn man sie verkaufen wollte, weil man ein wenig mehr Geld als den Eintritt fürs Kino brauchte.

Da draußen gab es wirklich unglaublich viele Brombeeren. Sie waren wie riesige schwarze Diamanten, und man mußte eine Menge mittelalterlicher Brombeer-Belagerungstricks beherrschen, Zugänge freihacken und Brücken schlagen, bis man die Brombeerfestungen stürmen konnte.

»Die Festung ist gefallen!«

Manchmal, wenn mir das Brombeerpflücken zu langweilig wurde, schaute ich hinunter in die tiefen, schattigen, verließartigen Räume zwischen den Stauden. Da unten waren Dinge, die ich nicht genau erkennen konnte und Formen, die sich wie Trugbilder dauernd zu verändern schienen.

Einmal, als ich eine Brücke weit in die Stauden hinaus gelegt hatte, wurde ich sehr neugierig und kauerte mich auf das fünfte Brett der Brücke und schaute angestrengt in die Tiefe, wo Dornen wie die Zacken einer gefährlichen Keule lauerten. Als sich meine Augen an die Dunkelheit gewöhnt hatten, sah ich direkt unter mir einen alten Ford.

Ich kauerte sehr lange auf dem Brett und starrte auf das Auto hinunter, bis ich merkte, daß ich einen Krampf in den Beinen hatte. Es dauerte ungefähr zwei Stunden, bis ich mir den Weg zum Auto hinunter gebahnt hatte und mit zerrissenen Kleidern und voll blutiger Kratzer im Fahrersitz saß: Die Hände am Lenkrad, einen Fuß auf dem Gaspedal, einen Fuß auf der Bremse, saß ich da, vom Geruch mittelalterlicher Polstersitze umgeben, und schaute aus dem dämmerigen Dunkel durch die Windschutzscheibe hinauf in grüne, sonnendurchschienene Schatten.

Ein paar andere Brombeerpflücker kamen an und machten sich auf den Brettern über mir ans Brombeerpflücken. Sie waren ganz aufgeregt. Sie waren wahrscheinlich zum ersten Mal da und hatten noch nie solche Brombeeren gesehen. Ich saß unter ihnen in meinem Auto und hörte ihnen zu.

»Hey, schau dir mal *die* Brombeere an!«

Thoreau-Gummiband

Das Leben ist so einfach wie eine Fahrt durch New Mexico in einem geliehenen Jeep, wenn man neben einem Mädchen sitzt, das so hübsch ist, daß man sich einfach jedesmal, wenn man sie anschaut, rundherum wohlfühlt. Es hat dauernd geschneit, und wir haben einen Umweg von hundertfünfzig Meilen machen müssen, weil der Schnee unsere Straße wie ein Stundenglas versperrt hat.

Ich bin jetzt wirklich sehr aufgeregt, weil wir in die kleine Stadt Thoreau, New Mexico, fahren, um uns zu erkundigen, ob der Highway 56 zum Chaco Cañon frei ist. Wir wollen uns dort die indianischen Ruinen ansehen.

Der Schnee liegt so schwer auf dem Boden, daß man den Eindruck hat, er hätte gerade seine Staatspension bekommen und freue sich auf einen langen und heiteren Ruhestand.

In der Pensionistenlässigkeit des Schnees liegt ein Café. Ich steige aus dem Jeep und das Mädchen bleibt sitzen, während ich in das Café gehe, um mich wegen der Straße zu erkundigen.

Die Bedienung ist eine Frau in mittleren Jahren. Sie schaut mich an, als sei ich ein ausländischer Film, der gerade aus dem Schnee hereingekommen ist, mit Jean-Paul Belmondo und Cathérine Deneuve in den Hauptrollen. Das Café riecht wie ein fünfzig Fuß langes Frühstück. Zwei Indianer sitzen da und essen Schinken mit Ei.

Sie sagen nichts und sie sind gespannt, was ich hier will. Ich frage die Bedienung nach der Straße, und sie sagt mir, daß sie gesperrt ist. Sie sagt es in einem einzigen, endgültigen Satz. Und damit hat sich der Fall.

Ich will schon zur Tür hinaus, aber einer der Indianer dreht sich halb nach mir um und sagt: »Die Straße ist frei, ich war heut morgen schon da.«

»Ist sie die ganze Strecke bis zum Highway 44 frei: zur Straße nach Cuba?« fragte ich ihn.

»Ja.«

Die Bedienung wendet plötzlich ihre Aufmerksamkeit dem Kaffee zu. Genau jetzt muß sich jemand um den Kaffee kümmern, und sie übernimmt diese Aufgabe zum Wohl aller kommenden Generationen von Kaffeetrinkern. Ohne ihre Hingabe könnte der Kaffee aussterben in Thoreau, New Mexico.

44:40

In der Zeit, in der ich Cameron kannte, war er schon ein sehr alter Mann, und er trug die ganze Zeit Filzpantoffeln und sprach schon nichts mehr. Er rauchte Zigarren und hörte sich gelegentlich Burl Ives-Platten an. Er wohnte bei einem seiner Söhne, der selber auch schon einigermaßen bejahrt war und anfing, sich übers Altwerden zu beklagen.

»Ich komm verdammt nochmal nicht dran vorbei, daß ich nicht mehr so jung bin wie früher.«

Cameron hatte seinen eigenen Sessel im Wohnzimmer. Er war mit einer Wolldecke bedeckt. Außer ihm benutzte nie jemand den Sessel, aber man hatte ohnehin immer das Gefühl, als säße er da. Sein Geist waltete über dem Sessel. Alte Leute haben da so ihre Art mit den Sitzmöbeln, in denen sie ihr Leben beenden.

Im Winter ging er nicht mehr aus dem Haus, aber im Sommer saß er dann manchmal draußen auf der Veranda und starrte an den Rosenbüschen im Vorgarten vorbei auf die Straße hinaus, wo das Leben seine Tage ohne ihn herunterblätterte, als hätte es ihn da draußen überhaupt nie gegeben.

Das stimmte allerdings nicht. Er war einmal ein großer Tänzer, und er tanzte in den neunziger

Jahren ganze Nächte hindurch. Er war berühmt dafür. Er brachte so manchen Fiedler in ein frühes Grab, und wenn die Mädchen mit ihm tanzten, tanzten sie immer besser als sonst, und sie mochten ihn deswegen, und schon die bloße Erwähnung seines Namens irgendwo im Bezirk machte die Mädchen froh, und sie wurden rot und kicherten. Sein Name oder sein Anblick versetzte sogar die »seriösen« Mädchen in Erregung.

Es gab eine Menge gebrochener Herzen, als er im Jahre 1900 die jüngste Singleton-Tochter heiratete.

»So hübsch ist sie auch wieder nicht«, klang der Chor der beleidigten Verliererinnen, und bei der Hochzeit weinten sie alle.

Er war auch ein verteufelt guter Pokerspieler und das in einem Bezirk, wo die Leute sehr ernsthaft zu Werke gingen und um hohe Einsätze spielten. Einmal wurde ein Mann, der neben ihm saß, beim Falschspielen ertappt.

Auf dem Tisch lag eine Menge Geld und ein Stück Papier, das für zwölf Stück Vieh, zwei Pferde und einen Wagen gut war. Das war Teil eines Einsatzes.

Daß der Mann falschspielte, kam durch die flinke Bewegung eines Mitspielers ans Licht der Öffentlichkeit, der über den Tisch langte und dem Mann, ohne ein Wort zu sagen, die Kehle durchschnitt.

Cameron faßte ganz automatisch zu, drückte dem Mann seinen Daumen gegen die Halsader, damit das Blut nicht über den ganzen Tisch spritzte, und stützte den Sterbenden, bis die Runde zu Ende gespielt und der Besitzanspruch an den zwölf Stück Vieh, den zwei Pferden und dem Wagen geklärt war. Obwohl Cameron nicht mehr redete, konnte man Ereignisse wie dieses in seinen Augen sehen. Seine Hände waren vom Rheumatismus wie knotige Gewächse geworden, aber in ihrer Reglosigkeit lag eine unheimliche Würde. Wenn er sich eine Zigarre ansteckte, war das wie ein historischer Akt.

Einmal, 1889, war er einen Winter lang Schafhirte. Er war noch ein junger Mann, noch keine zwanzig. Es war ein langer, einsamer Winterjob in einer gottverlassenen Gegend, aber er brauchte das Geld, weil er bei seinem Vater Schulden hatte. Es war eine von diesen familiären Verpflichtungen, bei denen man besser nicht in Einzelheiten geht.

Außer daß man Schafe anschaute, gab es in diesem Winter sehr wenig Aufregendes zu tun, aber Cameron fand etwas, das ihn bei Laune hielt.

Enten und Gänse flogen den ganzen Winter lang den Fluß hinauf und hinunter, und der Mann, dem die Schafe gehörten, hatte ihm und den anderen Schafhirten eine ganze Menge, einen fast surrealistischen Vorrat an 44:40er Winchestermunition gegeben, um die Wölfe abzuhalten, obwohl es weit und breit keine Wölfe gab.

Der Besitzer der Schafe hatte schreckliche Angst, Wölfe könnten in seine Herde einbrechen. Es grenzte schon ans Lächerliche, wenn man sich die ganze 44:40er Munition vorstellte, mit der er seine Schafhirten ausgerüstet hatte.

Cameron machte regen Gebrauch von der Munition und schoß von einem Hügel, etwa zweihundert Meter vom Fluß entfernt, auf die Enten und Gänse. Eine 44:40er ist nicht gerade die tollste Vogelflinte auf der Welt. Wenn sie losgeht, kommt eine riesige, bedächtig dahinsegelnde Kugel aus dem Lauf, wie ein dicker Mann, der eine Tür aufmacht. Cameron mochte solche Erschwernisse.

Die langen Monate dieses familienbedingten Winterexils vergingen langsam, Tag um Tag, Schuß um Schuß, bis es schließlich Frühling wurde und er schon so ein paar tausend Schuß auf die Enten und Gänse abgefeuert hatte, ohne auch nur eine einzige zu treffen.

Cameron erzählte diese Geschichte sehr gerne und er fand sie sehr lustig und lachte immer beim Erzählen. Cameron erzählte die Geschichte ungefähr genau so oft wie er im 19. Jahrhundert auf die Vögel diesseits und jenseits der Brücke geschossen hatte, und er erzählte sie über die Jahrzehnte unseres Jahrhunderts hinweg, bis er aufhörte zu reden.

Ein herrlicher Tag in Kalifornien

Am Labor Day 1965 ging ich draußen vor Monterey die Eisenbahnschienen hinunter und betrachtete die Sierra-Küstenlinie des Pazifischen Ozeans. Es bringt mich immer wieder zum Staunen, wie sehr der Ozean in dieser Gegen einem Gebirgsfluß ähnelt, mit einem Granitufer und stürmisch klarem Wasser und einem Wechsel von Grün und Blau, und Kronleuchterschaum strahlt in den Felsen und daraus hervor wie die Strömungen in einem Fluß oben im Gebirge.

Wenn man die Augen nicht vom Wasser nimmt, könnte man glauben, das wäre gar nicht der Ozean. Manchmal stelle ich mir dann diese Küste als einen kleinen Fluß vor und vergesse mit Bedacht, daß es 11 000 Meilen bis zum anderen Ufer sind.

Ich ging um eine Flußbiegung, und dahinter picknickten ungefähr ein Dutzend Froschleute auf einem kleinen Sandstrand, der von Granitfelsen umgeben war. Sie hatten alle schwarze Gummianzüge an. Sie standen im Kreis und aßen große Schnitten Wassermelonen. Zwei von ihnen waren hübsche Mädchen, und sie hatten weiche Filzhüte auf.

Die Froschleute redeten natürlich alle in Froschleutesprache. Sie waren oft wie Kinder, und ein

Sommer von Kaulquappengesprächen zog im Wind vorbei. Ein paar von ihnen hatten an den Schultern und an den Ärmeln ihrer Anzüge wunderliche Markierungen, die aussahen wie ein neuartiges Kreislaufsystem.

Zwei Schäferhunde tollten um die Froschleute herum. Die Hunde trugen keine schwarzen Gummianzüge, und ich konnte auch am Strand keine Anzüge für sie sehen. Vielleicht lagen sie hinter einem Felsen.

Ein Froschmann ließ sich auf dem Rücken in der Brandung treiben und aß ein Stück Wassermelone. Er trieb und kreiste mit der Strömung.

Ein großer Teil ihrer Ausrüstung lehnte an einem großen, theaterähnlichen Felsen, bei dem auch Prometheus auf seine Kosten gekommen wäre. Neben dem Felsen lagen ein paar gelbe Sauerstoffflaschen. Sie sahen aus wie Blumen.

Die Froschleute bildeten einen Halbkreis, und dann liefen zwei von ihnen ins Meer, drehten sich um und bewarfen die anderen mit Wassermelonenstücken, und zwei von ihnen begannen einen Ringkampf im Ufersand, und die Hunde sprangen bellend um sie herum.

Die Mädchen sahen sehr hübsch aus mit ihren wie angegossen sitzenden Gummianzügen und ihren leicht übermütigen Hüten. Sie aßen Wassermelonen und glänzten wie Juwelen in der Krone Kaliforniens.

Die Postämter im östlichen Oregon

Eine Fahrt durchs östliche Oregon: Herbst und die Gewehre auf dem Rücksitz und die Patronen in der Ramschlade oder im Handschuhfach oder wie man es nun nennen will.

Ich war noch ein Kind, und wir gingen hier in diesem bergigen Land auf Rehjagd. Wir hatten einen weiten Weg hinter uns. Wir waren schon losgefahren, bevor es dunkel wurde, dann die ganze Nacht durch.

Jetzt schien die Sonne im Auto, heiß wie ein Insekt, eine Biene oder so, die nicht mehr hinausfindet und immer wieder gegen die Windschutzscheibe brummt.

Ich war sehr schläfrig und erkundigte mich bei Onkel Jarv, der neben mir in den Fahrersitz gequetscht war, über das Land und die Tiere. Ich schaute Onkel Jarv an. Er saß gefährlich dicht am Lenkrad. Er wog gut über zwei Zentner. Der Platz im Auto reichte kaum für ihn allein.

Im Halbdunkel des Schlafs saß Onkel Jarv da und kaute Copenhagen-Kautabak. Er hatte immer etwas Copenhagen im Mund. Copenhagen war damals sehr beliebt. Überall waren Schilder, die einen zum Kauf aufforderten. Heute sieht man diese Schilder nicht mehr. Als Onkel Jarv noch auf die Highschool ging, war er ein berühmter Sportler in seiner Stadt und später ein legendärer Honky-Tonker. Er hatte einmal gleichzeitig vier Hotelzimmer, und in jedem Zimmer stand eine Flasche Whiskey, aber sie hatten ihn alle verlassen. Er war älter geworden.

Onkel Jarv führte jetzt ein ruhiges, beschauliches Leben, las Wildwestromane und hörte sich jeden Samstagmorgen Opernkonzerte am Radio an. Er hatte immer etwas Copenhagen im Mund. Die vier Hotelzimmer und die vier Flaschen Whiskey waren verschwunden. Copenhagen war sein Schicksal und seine Lebensgrundlage geworden.

Ich war noch ein Kind, und bei dem Gedanken an die zwei Schachteln 30:30er-Patronen im Handschuhfach überkam mich ein wohliges Gefühl. »Gibts hier eigentlich Berglöwen?« fragte ich.

»Du meinst Pumas?« sagte Onkel Jarv.

»Ja, Pumas.«

»Klar«, sagte Onkel Jarv. Er hatte ein rotes Gesicht und dünnes Haar. Er hat nie besonders gut ausgesehen, aber das hat die Frauen nicht davon abgehalten, ihn zu mögen. Wir fuhren immer und immer wieder über denselben Bach.

Wir kreuzten ihn mindestens ein dutzendmal, und es war immer wieder eine Überraschung, den Bach zu sehen: das Wasser war seicht von den langen Hitzemonaten, und es sah irgendwie sehr hübsch aus, wie der Bach durch das teilweise gerodete Gelände floß.

»Gibts hier eigentlich Wölfe?« fragte ich.

»Ein paar. Wir kommen jetzt bald in die Stadt«, sagte Onkel Jarv. Ein Bauernhaus kam in

Sicht. Es war unbewohnt. Es stand verlassen wie ein Musikinstrument in der Gegend.

Neben dem Haus war eine ganz hübsche Menge Holz gestapelt. Heizen denn Gespenster mit Holz? Das müssen sie wohl selber wissen, aber das Holz hatte die Farbe von Jahren.

»Wie ist es mit Wildkatzen, für die gibts doch eine Prämie?«

Wir fuhren an einem Sägewerk vorbei. Hinter dem Bach war ein kleiner Stausee für die Baumstämme. Auf den Stämmen standen zwei Männer. Einer von ihnen hatte einen Henkelmann in der Hand.

»Ein paar Dollar«, sagte Onkel Jarv.

Wir kamen jetzt in die Stadt. Es war ein kleiner Ort. Die Häuser und Geschäfte sahen ziemlich verludert aus, als hätten sie schon jede Art und jede Menge Wetter mitgemacht.

»Und Bären?« sagte ich, als wir gerade um eine Kurve bogen, und genau vor uns stand ein kleiner Laster, bei dem zwei Männer standen und Bären ausluden.

»Die Gegend wimmelt von Bären«, sagte Onkel Jarv. »Gleich da drüben sind schon ein paar.«

Und wirklich... als wäre es eingeplant, hoben die Männer die Bären von der Ladefläche, als wären die Bären riesige Kürbisse mit langen schwarzen Zotteln. Wir hielten neben den Bären und stiegen aus.

Es standen schon einige Zuschauer um die Bären herum. Sie waren alle alte Freunde von Onkel Jarv. Sie sagten alle Hello zu Onkel Jarv, und wo hast du dich denn rumgetrieben?

Ich hatte noch nie so viele Leute auf einmal Hello sagen hören. Onkel Jarv war schon viele Jahre zuvor aus der Stadt weggegangen. »Hello, Jarv, hello.« Ich rechnete damit, daß auch die Bären hello sagen würden.

»Hello, Jarv, du alter Gauner. Was trägst du denn da für ein Ding um den Bauch? Ist das ein Autoreifen?«

»Ho-ho. Kommt, wir schaun uns mal die Bären an.«

Die beiden Bären waren noch jung, sie wogen etwa fünfzig oder sechzig Pfund. Sie hatten sie oben beim Old Man Summers' Creek geschossen. Die Mutter war entwischt. Als ihre Jungen tot waren, rannte sie ins Dickicht und versteckte sich da mitten unter den Zecken.

Old Man Summers' Creek! Da wollten wir ja auf die Jagd gehen. Oben am Old Man Summers' Creek! Ich war noch nie dagewesen. Und Bären!

»Sie ist jetzt unberechenbar«, sagte einer der Herumstehenden. Es war der Mann, bei dem wir bleiben wollten und der auch die Bären geschossen hatte. Er war ein guter Freund von Onkel Jarv. Sie hatten während der Wirtschaftskrise in der Schulmannschaft zusammen Football gespielt.

Eine Frau kam vorbei. Sie trug eine Tüte Lebensmittel im Arm. Sie blieb stehen und schaute sich die Bären an. Sie ging sehr nahe ran, beugte sich über die Bären und steckte ihnen Sellerieblätter in die Schnauze.

Sie nahmen die Bären und brachten sie auf die Veranda eines alten zweistöckigen Hauses. Das Haus hatte hölzernen Zuckerguß an allen Ecken und Rändern. Es war ein Geburtstagskuchen aus einem vergangenen Jahrhundert. Und wir würden wie Kerzen hier über Nacht bleiben.

Am Gitter der Veranda rankten sich seltsame

Schlingpflanzen mit noch seltsameren Blüten hoch. Ich hatte die Pflanzen und die Blüten schon mal gesehen, aber noch nie an einem Haus. Es war Hopfen.

Es war das erste Mal, daß ich Hopfen an einem Haus wachsen sah. Das verriet einen interessanten Geschmack in punkto Blumen. Aber es dauerte eine Weile, bis man sich daran gewöhnte.

Die Sonne schien auf die Veranda, und der Schatten des Hopfens lag auf den Bären, als wären sie zwei Gläser mit dunklem Bier. Sie saßen da, mit dem Rücken an die Wand gelehnt.

»*Tag die Herren, Was möchten Sie denn trinken?*«

»*Zwei Bärenbiere.*«

»*Ich schau mal im Kühlschrank, ob sie schon kalt sind. Ich hab vor ner Weile ein paar reingetan... ja, sie sind schon kalt.*«

Der Mann, der die Bären geschossen hatte, erklärte, daß er sie nicht haben wollte. Jemand sagte: »Gib sie doch dem Bürgermeister. Der mag Bären.« Die Stadt hatte dreihundertfünfundzwanzig Einwohner, einschließlich des Bürgermeisters und der Bären.

»Ich geh zum Bürgermeister und sag ihm, daß hier Bären für ihn sind«, sagte jemand und machte sich auf die Suche nach dem Bürgermeister.

Oh, würden die Bären gut schmecken: gebakken, gebraten, gekocht oder als Spaghetti, Bärenspaghetti wie die Italiener sie machen.

Jemand sagte, er hätte ihn drüben beim Sheriff gesehen. Vor etwa einer Stunde. Vielleicht war er noch dort. Onkel Jarv und ich gingen in ein kleines Lokal und aßen zu Mittag. Die Tür war mit Fliegendraht bespannt, und sie war dringend reparaturbedürftig. Sie ging auf wie ein verrostetes Fahrrad. Die Bedienung fragte uns, was wir wünschten. Neben der Tür waren ein paar Spielautomaten: wir befanden uns in einem Bezirk, der dem Laster Tür und Tor geöffnet hatte.

Wir aßen Roastbeef-Sandwiches mit Kartoffelbrei und Soße. Es gab Hunderte von Fliegen in dem Lokal. Eine größere Gruppe von ihnen hatte ein paar Streifen Fliegenpapier gefunden, die wie Lassoschlingen herumhingen, und da machten sie sichs gemütlich.

Ein alter Mann kam herein. Er sagte, er möchte ein Glas Milch. Die Bedienung brachte ihm eins. Er trank es aus, und beim Hinausgehen steckte er eine Münze in einen Automaten. Dann schüttelte er den Kopf.

Nach dem Essen mußte Onkel Jarv zum Postamt rübergehen und eine Postkarte schreiben. Wir gingen rüber; es war nur ein kleines Gebäude, eher ein Schuppen als irgendwas anderes. Wir machten die Tür auf und gingen hinein.

Drinnen gab es eine Menge Postamtsachen: einen Schalter und eine alte Uhr, deren großer Zeiger schlaff herunterhing wie ein Schnurrbart unter Wasser und leise hin und her schwang und den Takt mit der Zeit hielt.

An der Wand hing ein großes Aktfoto von Marilyn Monroe, das erste, das ich in einem Postamt sah. Sie lag auf einem großen Stück rotem Tuch. Es nahm sich an der Wand eines Postamts sehr seltsam aus, aber ich war natürlich fremd in der Gegend.

Die Amtsvorsteherin war eine Frau in mittleren Jahren, und in ihrem Gesicht befand sich die Kopie eines der Münder, die man in den zwanziger

Jahren getragen hatte. Onkel Jarv kaufte eine Postkarte und füllte sie am Schalter aus, als würde er ein Glas Wasser füllen.

Es dauerte ein paar Augenblicke. Als die Postkarte halb beschrieben war, machte Onkel Jarv eine Pause und warf einen Blick zu Marilyn Monroe hinauf. Es war nichts Lüsternes in seinem Blick. Es hätte genausogut ein Foto von Bergen und Bäumen sein können.

Ich weiß nicht mehr, wem er geschrieben hat. Vielleicht einem Freund oder einem Verwandten. Ich stand da, starrte das Aktfoto Marilyn Monroes an und schaute mir die Augen aus dem Kopf. Dann gab Onkel Jarv die Postkarte auf. »Komm, wir gehn«, sagte er.

Wir gingen zu dem Haus mit den Bären zurück, und sie redeten alle über die verschwundenen Bären und sahen sich überall nach ihnen um.

»Sie sind ja tot«, sagte jemand beruhigend, und ziemlich bald schon durchsuchten wir das Haus, und eine Frau schaute in den Kammern und Schränken nach den Bären.

Nach einiger Zeit kam der Bürgermeister an und sagte: »Ich hab Hunger. Wo sind denn meine Bären?«

Jemand sagte dem Bürgermeister, daß sie sich in Luft aufgelöst hätten, und der Bürgermeister sagte: »Das gibts doch nicht«, und er bückte sich und schaute unter der Veranda nach. Da waren keine Bären.

Ungefähr eine Stunde verging, und dann gaben alle die Suche nach den Bären auf, und die Sonne ging unter. Wir saßen draußen auf der Veranda, wo es einmal, vor langer langer Zeit, Bären gegeben hatte.

Die Männer sprachen über die Spiele der Schulmannschaft während der Wirtschaftskrise und machten Witze darüber, wie alt und dick sie geworden waren. Jemand fragte Onkel Jarv nach den vier Hotelzimmern und den vier Flaschen Whiskey. Alle lachten, außer Onkel Jarv. Er lächelte. Es war gerade dunkel geworden, als jemand die Bären fand.

Sie saßen auf dem Vordersitz eines Autos, das in einer Seitenstraße stand. Einer der Bären hatte Hosen und ein kariertes Hemd an. Er hatte eine rote Jagdmütze auf und eine Pfeife im Maul und hielt mit zwei Pfoten das Lenkrad wie Barney Oldfield.

Der andere Bär hatte ein weißes Seidennegligé an, eins von der Sorte, die auf den hinteren Seiten von Männerjournalen angezeigt werden, und an seinen Füßen steckten Filzpantoffel. Eine rosa Haube war um seinen Kopf gebunden, und auf seinem Schoß lag eine Handtasche.

Jemand machte die Handtasche auf, aber es war nichts drin. Ich weiß nicht, was sie erwartet hatten, aber sie waren enttäuscht. Was soll denn ein toter Bär schon in der Handtasche haben?

***

Etwas sehr Seltsames ruft mir das alles wieder ins Gedächtnis zurück: die Bären. Es ist ein Zeitungsfoto von Marilyn Monroe, sie ist tot, Selbstmord mit Schlaftabletten, jung und schön, wie es heißt, mit allen Gütern des Lebens gesegnet.

Die Zeitungen sind voll davon: Artikel und Fotos und dergleichen – ihr Körper wird auf einer Bahre weggefahren, und er ist in eine dunkle Dekke gehüllt. Ich frage mich, welche Wand in welchem Postamt im östlichen Oregon dieses Bild von Marilyn Monroe tragen wird.

Ein Wärter schiebt die Bahre durch eine Tür, und Sonnenlicht fällt unter die Bahre. Jalousien sind auf dem Foto und die Äste eines Baums.

Fahles Marmorkino

Das Zimmer hatte eine hohe viktorianische Decke, und an einer Seite war ein marmorner Kamin, und im Fenster wuchs ein Avocadobaum, und sie lag neben mir und schlief auf eine sehr gutgebaute blonde Art.

Und ich schlief auch noch, und es war gerade September, und es begann gerade zu dämmern.

1964.

Dann plötzlich, ohne jede Warnung, setzte sie sich im Bett auf, weckte mich sofort und wollte schon aufstehen. Es war ihr sehr ernst damit.

»Was machst du denn?« fragte ich.

Ihre Augen waren weit geöffnet.

»Ich steh auf«, sagte sie.

Sie waren von einem nachtwandlerischen Blau.

»Leg dich wieder hin«, sagte ich.

»Warum denn?« fragte sie. Sie war jetzt schon halb aus dem Bett, und ein blonder Fuß berührte den Boden.

»Weil du noch schläfst«, sagte ich. »Ohhh... OK«, sagte sie. Das leuchtete ihr ein, und sie legte sich wieder ins Bett und zog die Decken um sich herum und kuschelte sich eng an mich. Sie sagte kein einziges Wort mehr, und sie bewegte sich nicht mehr.

Sie lag da und schlief ganz fest; ihre Nachtreise war vorbei und die meine begann jetzt. Ich denke jetzt schon seit Jahren an diese einfache Szene. Sie läßt mich nicht los und läuft von selbst immer und immer wieder ab wie ein fahles Marmorkino.

Partner

Ich sitz gern in den billigen Kinos Amerikas, in denen die Leute in elisabethanischer Manier leben und sterben, während sie sich Filme ansehen. Unten in der Market Street gibts ein Kino, in dem ich mir für einen Dollar vier Filme anschauen kann. Es ist mir wirklich egal, wie gut oder wie schlecht sie sind. Ich bin ja kein Kritiker. Ich schau mir eben einfach gern Filme an. Ihre Gegenwart auf der Leinwand genügt mir.

Das Kino ist voll von Schwarzen, Hippies, älteren Mitbürgern, Soldaten, Seeleuten und den spontanen Gemütern, die mit den Filmen sprechen, weil die Filme für sie genauso wirklich sind, wie irgendwas sonst, was ihnen unterkommt.

»Nein! Nein! Steig wieder ins Auto, Clyde. Oh, Gott, jetzt bringen sie Bonnie um!«

Ich bin der Gastdichter in diesen Kinos, aber ich spekuliere nicht auf ein Guggenheim-Stipendium.

Einmal ging ich abends um sechs ins Kino, und um ein Uhr morgens kam ich wieder raus. Um sieben schlug ich die Beine übereinander, und sie blieben so bis zehn, und ich stand kein einziges Mal auf.

Mit anderen Worten, ich bin kein Kunstfilmfan. Ich mach mir nichts draus, in einem schicken Kino ästhetisch hochgekitzelt zu werden, umgeben von einem Publikum, das vom Parfüm seiner Kultiviertheit durchtränkt ist. Ich kann mir das nicht leisten.

Letzten Monat saß ich in einem zwei-Filme-für-fünfhundertsiebzig-Cent Kino in North Beach; das Kino hieß The Times, und es gab einen Zeichentrickfilm über ein Huhn und einen Hund.

Der Hund versuchte ein wenig Schlaf zu finden, und das Huhn hielt ihn dauernd davon ab, und daraus ergab sich eine Serie von Abenteuern, die immer mit dem üblichen Trickfilmgemetzel endeten.

Neben mir saß ein Mann.

Er war WEISSWEISSWEISS: fett, etwa fünfzig Jahre alt, schon etwas kahl, und in seinem Gesicht fehlte auch die geringste Spur jeglicher menschlichen Sensibilität.

Seine ausgebufften Allerweltskleider bedeckten ihn wie die Flagge eines besiegten Landes, und er sah aus, als wären Rechnungen die einzige Post, die er je in seinem Leben bekommen hatte.

Und dann ließ der Hund ein enormes Gähnen vom Stapel, weil das Huhn ihn immer noch wachhielt, und noch bevor der Hund mit dem Gähnen fertig war, fing der Mann neben mir an zu gähnen, so daß der Hund in dem Trickfilm und der Mann, dieses lebendige menschliche Wesen, zusammen gähnten, Partner in Amerika.

Wir lernen uns kennen

Sie haßt Hotelzimmer. Es ist wie ein Shakespearesonett. Ich meine, die Kindfrau- oder Lolitasache. Es ist ein klassisches Schema:

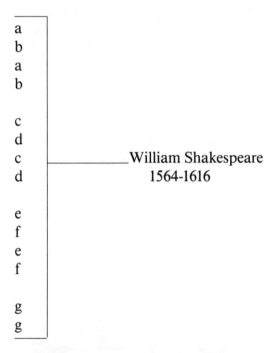

Sie haßt Hotelzimmer. Es ist das Licht am Morgen, das ihr wirklich zu schaffen macht. Sie mag nicht aufwachen und von dieser Art Licht umgeben sein. Das Morgenlicht in Hotelzimmern ist immer synthetisch, auf grelle Art sauber, so als wäre das Zimmermädchen leise wie eine Zimmermädchenmaus hereingekommen und hätte das Licht gebracht, indem sie imaginäre Betten mit seltsamen Laken machte, die wahrhaftig in der Luft hängen blieben.

Sie lag im Bett und tat dann immer, als ob sie schliefe, um das Zimmermädchen dabei zu erwischen, wie es mit dem zusammengefalteten Morgenlicht auf dem Arm hereinkam, aber sie erwischte es nie und gab es schließlich auf.

Ihr Vater liegt mit einer neuen Geliebten im Zimmer nebenan und schläft noch. Ihr Vater ist ein berühmter Filmregisseur, und er ist hier in der Stadt, weil er für einen seiner Filme Werbung macht.

Auf dieser Reise nach San Francisco macht er Werbung für einen Gruselfilm, den er gerade abgedreht hat. Der Film heißt: *Der Angriff der Rosenriesen*. Es ist ein Film über einen wahnsinnigen Gärtner und die Ergebnisse seiner Arbeit im Treibhaus, wo er mit Kunstdünger experimentiert.

Sie findet die Rosenriesen langweilig. »Sie sehen aus wie ein Haufen greulicher Juxpostkarten«, hat sie kürzlich zu ihrem Vater gesagt.

»Leck mich doch am Arsch«, war seine Antwort.

An diesem Nachmittag würde er noch mit Paine Knickerbocker vom *Chronicle* essen und später dann würde ihn Eichelbaum vom *Examiner* interviewen, und ein paar Tage darauf würde der ewiggleiche Scheiß ihres Vaters in den Zeitungen erscheinen.

Am vergangenen Abend hat er eine Suite im Fairmont belegt, aber sie wollte in einem Motel in der Lombard Street wohnen.

»Bist du denn verrückt? Wir sind hier in San Francisco«, sagte er.

Sie mag Motels viel lieber als Hotels, aber sie weiß nicht warum. Vielleicht ist es das Licht am Morgen. Das hat wahrscheinlich etwas damit zu tun. Das Licht in Motelzimmern ist natürlicher. Es ist nicht so, als hätte es das Zimmermädchen hereingebracht.

Sie stieg aus dem Bett. Sie wollte sehen, mit wem ihr Vater schlief. Es war so eins ihrer kleinen Spielchen. Sie wollte sehen, ob sie erraten könnte, mit wem ihr Vater im Bett war, aber das war ein ziemlich dummes Spiel, und sie wußte das auch, weil die Frauen, mit denen ihr Vater ins Bett ging, immer genau so aussahen wie sie selber.

Sie fragte sich, wo ihr Vater die Frauen immer fand.

Einige seiner Freunde und andere Leute witzelten gerne darüber. Sie sagten dann oft, seine Geliebten und seine Tochter sähen aus wie Schwestern. Manchmal kam es ihr so vor, als wäre sie das Mitglied einer seltsamen und sich ständig ändernden Familie von Schwestern.

Sie war einssiebzig und hatte glattes blondes Haar, das ihr fast bis zum Hintern reichte. Sie wog 102 Pfund. Sie hatte *sehr* blaue Augen.

Sie war fünfzehn Jahre alt, aber sie hätte alles sein können. Je nach Laune konnte sie alles zwischen dreizehn und fünfunddreißig sein.

Manchmal machte sie absichtlich auf fünfunddreißig, und sie war sehr anziehend für junge Männer Anfang zwanzig, die sie für eine reife, erfahrene Frau hielten. Sie beherrschte die Rolle einer noch strahlenden, aber schon leicht verblühenden Fünfunddreißigjährigen vollkommen, denn sie hatte ja so viele solcher Frauen in Hollywood, New York, Paris, Rom, London etc. studiert.

Sie hat schon drei Affären mit jungen Männern Anfang zwanzig hinter sich, ohne daß einer von ihnen gemerkt hätte, daß sie erst fünfzehn war.

Es war zu einem kleinen Hobby geworden.

Sie konnte ganze Lebensgeschichten für sich erfinden, und es war, als hätte sie sie in einer Art Traumfernsehen wirklich erlebt. Sie konnte eine vierunddreißigjährige Frau mit drei Kindern sein, die in Glendale wohnte und mit einem jüdischen Zahnarzt verheiratet war und die jetzt außerehelich ihre verlorene Jugend nachholte, oder sie konnte eine einunddreißigjährige unverheiratete Literaturredakteurin aus New York sein, die versuchte, den Klauen einer wahnsinnigen lesbischen Freundin zu entrinnen und die einen jungen Mann brauchte, der ihre Rettung aus der Perversität bewerkstelligen könnte, oder sie konnte eine dreißigjährige geschiedene Frau mit einer unheilbaren aber attraktiven Krankheit sein, die es noch einmal mit der Liebe versuchen wollte, bevor...

Sie mochte das. Sie stieg aus dem Bett und ging völlig unbekleidet auf Zehenspitzen ins Wohnzimmer und zur Schlafzimmertür ihres Vaters und stand da und horchte, ob sie schon wach waren und ob sie es miteinander trieben.

Ihr Vater und seine Geliebte schliefen ganz fest. Sie konnte es durch die Tür hindurch spüren. Es war wie ein Brocken warmer gefrorener Raum in ihrem Schlafzimmer.

Sie öffnete die Tür einen Spalt und sah das

blonde Haar der Frau, das über den Bettrand fiel wie der Ärmel eines gelben Hemds.
 Sie lächelte und schloß die Tür.
 Und hier verlassen wir sie.
 Wir wissen ein bißchen was über sie.
 Und sie weiß eine Menge über uns.

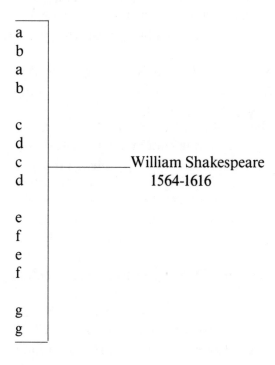

William Shakespeare
1564-1616

Eine kurze Geschichte Oregons

Mit sechzehn hab ich solche Sachen immer gemacht. Ich trampte fünfzig Meilen im Regen und ging die letzten Stunden des Tages auf Jagd. Ich fand nichts dabei, mit einer 30:30er an der Straße zu stehen und meinen Daumen hochzustrecken und zu erwarten, daß ich mitgenommen würde, und ich wurde immer mitgenommen.
»Wo willst du denn hin?«
»Auf Rehjagd.«
Das galt etwas in Oregon.
»Steig ein.«
Es regnete wie verrückt, als ob ich oben auf einer Hügelkette aus dem Auto stieg. Der Autofahrer konnte es nicht fassen. Ich sah eine halb mit Bäumen bewachsene Senke, die zu einem Tal hinunterführte, das im Regendunst verschwamm.
Ich hatte nicht die leiseste Ahnung, wo das Tal hinführte. Ich war noch nie dagewesen, und ich scherte mich auch nicht darum. »Wo willst du denn hin?« fragte der Autofahrer; er konnte es kaum fassen, daß ich bei so einem Regen aus dem Auto stieg.
»Da runter.«
Als er wegfuhr, war ich allein in den Bergen, und genau so wollte ich es haben. Ich war vom

Scheitel bis zur Sohle imprägniert, und in meiner Tasche waren ein paar Schokoladenriegel.

Ich ging durch die Bäume hinunter und versuchte, ein Reh aus dem trockenen Unterholz zu scheuchen, aber es kam wirklich nicht darauf an, ob ich eins sah oder nicht.

Ich brauchte nur das Gefühl des Jagens. Der Gedanke, daß Rehe da waren, war genauso, als wären die Rehe wirklich da.

Im Unterholz rührte sich nichts. Keine Spur von einem Reh oder Vogel oder einem Kaninchen oder sonstwas.

Manchmal stand ich dann bloß da. Es tropfte von den Bäumen. Keine Spur von irgendeinem Lebewesen, nur von mir: Ich war allein, also aß ich einen Schokoladenriegel.

Ich hatte keine Ahnung, wie spät es war. Der Himmel war dunkel vom Winterregen. Als ich losgezogen war, hatte ich nur noch ein paar Stunden Zeit gehabt, und ich spürte jetzt, daß die Zeit schon fast um war und daß es bald Nacht werden würde.

Ich kam aus dem Unterholz auf eine freie Fläche mit Baumstümpfen, von der aus sich ein Holzweg ins Tal hinunterschlängelte. Die Baumstümpfe waren frisch. Die Bäume waren also irgendwann in diesem Jahr gefällt worden. Vielleicht im Frühling. Die Straße schlängelte sich ins Tal.

Der Regen ließ nach, hörte dann auf, und eine seltsame Stille legte sich über alles. Es war schon Abend, und es würde bald Nacht werden.

Die Straße machte eine Biegung, und plötzlich, ohne jede Warnung, stand da ein Haus mitten in meinem höchstprivaten Nirgendwo. Das gefiel mir nicht.

Um das Haus, das eher eine Baracke war als irgendwas anderes, standen eine Menge alter Autos herum, und man konnte alle Arten von Holzfällerkrimskrams besichtigen und Sachen, die man mal braucht und dann wieder wegtut.

Ich wollte nicht, daß das Haus da war. Der Regendunst hob sich, und ich schaute zu den Bergen hinauf. Ich war nur etwa eine halbe Meile weit gekommen, und ich hatte die ganze Zeit geglaubt, ich wäre allein.

Es war einfach ein Witz.

Ich kam den Weg herunter und direkt auf das Fenster der Haus-Baracke zu. Ich konnte hinter dem Fenster nichts bemerken. Obwohl es schon langsam Nacht wurde, hatten sie noch kein Licht gemacht. Ich wußte, daß jemand zu Hause war, weil schwerer, schwarzer Rauch aus dem Kamin kam.

Als ich näher kam, knallte die Haustür auf, und ein Junge lief auf die roh zusammengezimmerte Veranda hinaus. Er hatte keine Schuhe und keine Jacke an. Er war ungefähr neun Jahre alt, und seine blonden Haare waren zerzaust, als ob die ganze Zeit der Wind darin herumwehen würde.

Er sah älter aus als neun, und auf einmal standen drei Schwestern neben ihm, die drei, fünf und sieben waren. Die Schwestern trugen auch keine Schuhe und hatten keine Jacken an. Sie sahen älter aus als sie waren.

Der stille Bann der Dämmerung zerbrach plötzlich, und es fing wieder zu regnen an, aber die Kinder gingen nicht ins Haus. Sie standen einfach da auf der Veranda, wurden ganz naß und schauten mich an. Ich muß zugeben, daß ich schon einen komischen Anblick bot, wie ich, während die Nacht heraufzog, auf ihrer kleinen, matschigen Straße mitten im gottverdammten Nirgendwo herunterkam und eine 30:30er im Arm trug, mit dem Lauf nach unten, damit der Nachtregen nicht hineinlaufen konnte.

Die Kinder sagten kein Wort, als ich vorbeiging. Die Haare der Schwestern waren wild und widerborstig wie bei Hexenzwergen. Ihre Leute bekam ich nicht zu sehen. Im Haus brannte kein Licht.

Ein Ford-Laster aus den zwanziger Jahren lag umgekippt vor dem Haus. Er lag neben drei leeren Zweihundertliter-Ölfässern. Sie hatten keine Funktion mehr. Ein paar einzelne Stücke rostiges Drahtseil lagen herum. Ein gelbbrauner Hund kam heraus und starrte mich an.

Ich sagte kein Wort, als ich vorbeiging. Die Kinder waren jetzt patschnaß. Sie standen schweigend zusammengedrängt auf der Veranda. Ich hatte keinen Grund zu glauben, daß am Leben mehr dran wäre als das.

Vor langer Zeit entschlossen sich die Leute in Amerika zu leben

Ich schlendere so dahin und überlege mir, wie gern ich mit jemand Neuem ins Bett gehen würde. Es ist ein kalter Winternachmittag und es ist einfach bloß ein Gedanke, fast schon wieder vergessen, als – Ein großes – Gott, ich mag die Großen – Mädchen die Straße heraufkommt, lässig wie ein junges Tier in Levi's-Jeans. Sie ist bestimmt einssiebzig, und sie trägt einen blauen Pullover. Sie hat nichts drunter an, und ihre Brüste schwingen in einem festen, jugendlichen Rhythmus.

Sie hat keine Schuhe an.
Sie ist ein Hippiemädchen.
Ihre Haare sind lang.
Sie weiß nicht, wie hübsch sie ist. Ich mag das. Es bringt mich immer in Fahrt, wenn das auch jetzt nicht besonders schwer ist, weil ich ohnehin schon an Mädchen denke.

Als wir dann aneinander vorbeigehen, geschieht etwas völlig Unerwartetes. Sie wendet sich zu mir und sagt: »Kennen wir uns nicht?«

Jungejunge! Sie steht jetzt neben mir. Sie ist wirklich groß!

Ich schau sie genau an. Ich versuche, zu sehen, ob ich sie kenne. Vielleicht haben wir früher mal was miteinander gehabt oder ich hab mal mit ihr angebändelt, als ich betrunken war. Ich schau sie sehr genau an, und sie ist auf eine junge, frische Art sehr schön. Sie hat sehr nette blaue Augen, aber ich erkenne sie nicht.

»Ich hab dich bestimmt schon mal gesehen«, sagt sie und schaut mir ins Gesicht. »Wie heißt du denn?«

»Clarence.«

»Clarence?«

»Ja, Clarence.« »Oh, dann kenn ich dich nicht«, sagt sie.

Das ging etwas rasch.

Ihre Füße frieren auf dem Pflaster, und sie zieht die Schultern hoch und macht einen Kältebuckel.

»Wie heißt du denn?« fragte ich. Vielleicht fang ich doch was mit ihr an. Ich sollte es jetzt wirklich machen. Ich bin sogar schon dreißig Sekunden zu spät damit dran.

»Weidenfrau«, sagt sie. »Ich will rüber nach Haight-Ashbury. Ich komm grad aus Spokane.«

»Ich würd da nicht hingehen«, sage ich. »Da draußen ist es sehr übel.«

»Ich hab Freunde in Haight-Ashbury«, sagt sie.

»Es ist ne üble Gegend«, sage ich.

Sie zuckt mit den Schultern und schaut hilflos auf ihre Füße hinunter. Dann schaut sie hoch, und in ihren Augen ist etwas Freundliches, Verwundetes.

»Das ist alles, was ich hab«, sagt sie.

(Sie meint ihre Kleider.)

»Und was ich in der Tasche hab«, sagt sie.

(Sie wirft einen schnellen, verstohlenen Blick auf die linke Gesäßtasche ihrer Levi's.)

»Meine Freunde helfen mir schon aus, wenn ich erstmal da bin«, sagt sie.

(Sie wirft einen Blick in Richtung Haight-Ashbury, das drei Meilen entfernt ist.)
Plötzlich ist sie verlegen. Sie weiß nicht so recht, was sie tun soll. Sie ist zwei Schritte rückwärts gegangen. Die Straße hinauf.
»Ich...«, sagt sie.
»Ich...«, sagt sie und schaut wieder auf ihre Füße hinunter. Sie geht noch einen halben Schritt rückwärts.
»Ich.«
»Ich will nicht jammern«, sagt sie.
Sie ist wirklich angewidert von dem, was jetzt vorgeht. Sie ist soweit, daß sie gehen will. Es ist nicht so gelaufen, wie sie wollte.
»Ich will dir helfen«, sage ich.
Ich greife in meine Tasche.
Sie macht ein paar Schritte auf mich zu, ist plötzlich erleichtert, als wäre ein Wunder geschehen.
Ich gebe ihr einen Dollar; ich hab irgendwo den Faden völlig verloren, hab völlig vergessen, daß ich mit ihr anbändeln wollte.
Sie kanns nicht fassen, daß es ein Dollar ist, und sie umschlingt mich mit ihren Armen und küßt mich auf die Backe. Ihr Körper ist warm, freundlich und offen.
Wir könnten eine hübsche Schau miteinander abziehen. Ich könnte die Worte sagen, mit denen alles anfinge, aber ich sage überhaupt nichts, weil ich den Faden verloren habe und weil ich nicht weiß, wo der Faden hin ist, und sie macht sich in Schönheit auf den Weg zu all den Leuten, die sie noch treffen wird, wenn ich höchstens noch eine verschwommene Erinnerung bin, und zu all den Leben, die sie noch leben wird.

Wir haben dieses hier miteinander gelebt und sind jetzt fertig damit.
Sie ist weg.

Eine kurze Geschichte der Religion in Kalifornien

Es gibt nur einen Weg, anzufangen: Wir sahen Rehe auf der Wiese. Die Rehe gingen langsam im Kreis, und dann unterbrachen sie den Kreis und gingen auf ein paar Bäume zu. Auf der Wiese waren drei Rehe, und wir waren drei Leute. Ich, ein Freund und meine 3 1/2-jährige Tochter. »Siehst du die Rehe«, sagte ich und zeigte in Richtung Rehe.

»Schau, die Rehe! Da! Da!« sagte sie. Sie saß bei mir auf dem Vordersitz und prallte plötzlich gegen meine Brust. Sie hatte einen kleinen elektrischen Schlag von den Rehen bekommen. Drei kleine graue Muttertiere verschwanden zwischen den Bäumen und feierten die Stromerzeugung durch Huftiere.

Auf der Rückfahrt zu unserem Lager in Yosemite sprach sie von den Rehen. »Die Rehe sind toll«, sagte sie. »Ich möchte ein Reh sein.«

Als wir zu unserem Lagerplatz einbogen, standen drei Rehe am Eingang und schauten uns an. Es waren dieselben Rehe oder es waren drei andere.

»Schau, die Rehe!« und wieder derselbe elektrische Aufprall auf meiner Brust, vielleicht genug

Strom, um ein paar Christbaumkerzen zum Leuchten zu bringen oder einen Ventilator eine Minute lang anzutreiben oder eine halbe Scheibe Brot zu toasten.

Die Rehe gingen dicht hinter dem Auto her, als wir im Rehtempo ins Lager fuhren. Als wir ausstiegen, standen die Rehe schon da. Meine Tochter war gleich hinter ihnen her. Toll! Die Rehe!

Ich bremste sie. »Warte«, sagte ich. »Gib Daddy die Hand.« Ich wollte nicht, daß sie sie erschreckte oder daß die Rehe sie verletzten, falls sie in Panik geraten und sie umrennen sollten, etwas, das fast unmöglich war.

Wir hielten ein wenig Abstand und gingen hinter den Rehen her, blieben dann stehen und schauten zu, wie sie den Fluß überquerten. Der Fluß war seicht, und die Rehe blieben in der Mitte stehen und schauten in drei verschiedene Richtungen.

Sie starrte sie eine Weile lang schweigend an. Sie sahen so still und schön aus, und dann sagte sie: »Daddy, mach doch den Kopf von einem Reh ab und setz ihn mir auf. Mach die Füße von einem Reh ab und mach sie an meine Füße dran. Und dann bin ich ein Reh.«

Die Rehe schauten jetzt nicht mehr in drei verschiedene Richtungen. Sie schauten alle in eine Richtung zu den Bäumen auf der anderen Flußseite und zogen dann hinüber und verschwanden zwischen den Bäumen.

Am nächsten Morgen schlug dann eine Gruppe von Christen ihr Lager neben uns auf, weil es Sonntag war. Es waren ungefähr zwanzig oder dreißig, und sie saßen an einem langen Holztisch. Sie sangen Kirchenlieder, während wir unser Zelt abbauten.

Meine Tochter beobachtete sie ganz genau, ging dann näher hin und spähte hinter einem Baum zu den Sängern hinüber. Ein Mann leitete das Ganze. Er fuhr mit den Händen in der Luft herum. Wahrscheinlich ihr Pfarrer.

Meine Tochter beobachtete sie ganz genau, kam hinter dem Baum vor, ging dann langsam weiter, bis sie hinter dem Pfarrer stand, und schaute an ihm hoch. Er stand alleine da draußen, und sie auch, zusammen mit ihm.

Ich zog die Metallheringe aus dem Boden und legte sie zu einem sauberen Bündel zusammen, und ich faltete das Zelt zusammen und legte es neben die Heringe.

Dann erhob sich eine der Christinnen von dem langen Tisch und ging zu meiner Tochter. Ich schaute mir das an. Sie gab ihr ein Stück Kuchen und fragte sie, ob sie sich hinsetzen und beim Singen zuhören wollte. Sie sangen gerade mit Eifer etwas über Jesus, der etwas Gutes für sie tat.

Meine Tochter nickte und setzte sich auf den Boden. Sie hielt das Kuchenstück in ihrem Schoß. Sie saß fünf Minuten lang da. Sie biß nicht ein einziges Mal etwas von dem Kuchen ab.

Sie sangen jetzt ein Lied, in dem Maria und Josef etwas machten. In dem Lied war es Winter und kalt, und in der Scheune war Stroh. Es roch gut.

Sie hörte etwa fünf Minuten lang zu, und dann stand sie auf, winkte zum Abschied mitten in »Wir sind drei Könige aus dem Morgenland« und kam mit dem Kuchenstück zurück.

»Na, wie war's?« fragte ich.

»Sie singen«, sagte sie und zeigte hinüber, wo sie sangen.

»Wie schmeckt der Kuchen?« fragte ich.

»Weiß ich nicht«, sagte sie und warf ihn auf den Boden. »Ich hab schon gefrühstückt.« Und da lag er jetzt.

Ich dachte an die drei Rehe und an die singenden Christen. Ich schaute das Kuchenstück an und dann zum Fluß hinüber, wo seit einem Tag keine Rehe mehr waren.

Der Kuchen sah auf dem Boden sehr klein aus. Das Wasser strömte über die Felsen. Später würde ein Vogel oder sonst ein Tier den Kuchen essen und dann zum Fluß hinuntergehen und Wasser trinken.

Dann kam mir etwas in den Sinn, etwas Kleines, und ich konnte nicht anders: es gefiel mir, und ich legte meine Arme um einen Baum, und meine Wange glitt an die duftende Rinde und schwebte da für ein paar ruhige Augenblicke in der Stille.

April in Gottverdammich

Es ist Anfang April im gottverdammten Gottverdammich, und es fängt mit einem Zettel an der Haustür an, den eine junge Dame hinterlassen hat. Ich lese den Zettel und frag mich, was zum Teufel eigentlich los ist.

Ich bin zu alt für solches Zeug. Ich kann nicht überall auf dem laufenden bleiben, also nehm ich meine Tochter und tu mein Bestes an dieser Front: gehe mit ihr zum Spielen in den Park.

Ich will wirklich nicht aus dem Bett, aber ich muß auf die Toilette. Als ich von der Toilette zurückkomme, sehe ich etwas, einen Zettel oder so, das am Fenster in der Haustür befestigt ist. Es wirft einen Schatten aufs Glas.

Mir ist das schnurzegal. Soll sich doch jemand anders mit diesen komplizierten Sachen Anfang April abgeben. Mir reicht es, daß ich auf die Toilette gegangen bin. Ich geh wieder ins Bett.

Ich träume, daß jemand, den ich nicht mag, seinen Hund spazierenführt. Der Traum dauert Stunden. Der Jemand singt seinem Hund was vor, aber ich kann nicht rausbekommen, was es für ein Lied ist, und ich muß furchtbar genau hinhören und auch dann schaff ichs nicht.

Ich wache total gelangweilt auf. Was fang ich

denn jetzt mit dem Rest meines Lebens an? Ich bin neunundzwanzig. Ich hole den Zettel von der Tür und geh wieder ins Bett.

Ich zieh mir das Laken über den Kopf und lese ihn. Das Licht ist nicht besonders gut, aber es ist besser als alles, was mir heute schon untergekommen ist. Er ist von einem Mädchen. Sie ist heute morgen ganz leise an meine Tür gekommen und hat ihn dagelassen.

Der Zettel ist eine Entschuldigung für eine Bettszene, die sie neulich nachts mal gemacht hat. Er ist als Rätsel abgefaßt. Ich komm nicht dahinter. Ich hab mir sowieso noch nie was aus Rätseln gemacht. Schweißweiber.

Ich nehme meine Tochter und geh mit ihr zum Spielplatz am Portsmouth Square. Ich hab ihr die ganze letzte Stunde zugeschaut. Von Zeit zu Zeit hab ich eine Pause gemacht und das hier aufgeschrieben.

Ich frage mich, ob meine Tochter irgendwann mal Anfang April im gottverdammten Gottverdammich einen Zettel an der Tür eines Mannes hinterlassen wird, der ihn im Bett mit über den Kopf gezogenem Laken lesen wird und dann mit seiner Tochter zum Spielen in den Park geht und hochschaut, wie ich es gerade getan habe, und sie mit einem blauen Eimer im Sand spielen sieht.

Ein Nachmittag 1939

Das hier ist eine endlos wiederholte Geschichte, die ich meiner vierjährigen Tochter immer wieder erzähle. Die Geschichte gibt ihr was, und sie will sie immer und immer wieder hören.

Wenn es Zeit zum Zubettgehen ist, sagt sie »Daddy, erzähl mir, wie du noch ein Kind warst und in den Felsen reingeklettert bist.«

»OK.«

Sie bauscht ihre Decken kuschelig um sich herum, als wären sie lenkbare Wolken, steckt den Daumen in den Mund und schaut mich mit aufmerksamen blauen Augen an.

»Einmal, als ich noch ein kleines Kind war, genau in deinem Alter, haben mich meine Mutter und mein Vater zum Picknick auf den Mount Rainier mitgenommen. Wir sind in einem alten Auto hinaufgefahren, und mitten auf der Straße stand ein Reh.

Wir kamen zu einer Wiese, auf der Schnee lag; der Schnee lag da, wo die Schatten der Bäume hinfielen und an den Stellen, wo die Sonne nicht hinschien.

Auf der Wiese wuchsen wilde Blumen, die sehr schön aussahen. Mitten auf der Wiese stand ein riesiger, runder Felsen, und Daddy ging zu dem

Felsen hin und fand ein Loch in der Mitte, durch das er hineinschaute. Der Felsen war hohl wie ein kleines Zimmer.

Daddy kroch in den Felsen hinein, setzte sich hin und schaute hinaus in den blauen Himmel und zu den wilden Blumen. Der Felsen gefiel Daddy sehr, und er tat so, als wäre er ein Haus, und er spielte den ganzen Nachmittag in dem Felsen drin.

Er holte sich ein paar kleinere Felsbrocken und schaffte sie in den großen Felsen hinein. Er spielte, daß die Felsbrocken ein Ofen und Möbel und andere Sachen wären, und die wilden Blumen waren Lebensmittel, aus denen er was zu essen kochte.«

Damit endete die Geschichte.

Sie schaut mich dann mit ihren weiten, blauen Augen an und sieht mich als Kind in einem Felsen spielen, sieht mich so tun, als wären wilde Blumen Frikadellen, die ich auf einem ofenähnlichen Felsbrocken koche.

Sie kann einfach nicht genug von der Geschichte kriegen. Sie hat sie schon dreißig- oder vierzigmal gehört, und sie will sie immer wieder hören.

Sie ist sehr wichtig für sie.

Ich glaube, sie benutzt diese Geschichte als eine Art Christoph-Kolumbus-Tür, durch die sie durchgeht und ihren Vater entdeckt, als er noch ein Kind war und ihr Altersgenosse.

Obergefreiter

Es gab einmal eine Zeit, da träumte ich davon, General zu werden. Das war in Tacoma in den ersten Jahren des II. Weltkriegs, als ich noch ein Kind war und auf die Volksschule ging. Sie hatten eine gewaltige Papieraktion laufen, die so glänzend ausgeklügelt war wie eine militärische Karriere.

Es war sehr aufregend und es ging ungefähr so vor sich: wenn man fünfzig Pfund Papier brachte, wurde man Gefreiter, und fünfundsiebzig Pfund Papier brachten einem die Streifen für den Obergefreiten ein, und ein Feldwebel war hundert Pfund wert, und man schraubte sich das Ganze pfund- und stapelweise hoch, bis man schließlich oben ankam und General war.

Ich glaube, man brauchte eine Tonne Papier, um General zu werden, oder vielleicht waren es auch tausend Pfund. Ich kann mich nicht mehr an die genaue Menge erinnern, aber am Anfang schien es so leicht, genug Papier zu sammeln und General zu werden.

Ich fing damit an, daß ich all das Papier, das offen und unschuldig im Haus herumlag, sammelte. Das brachte drei oder vier Pfund. Ich muß zugeben, daß ich ein bißchen enttäuscht war. Ich weiß auch nicht, wie ich auf die Idee gekommen bin, daß das Haus mit Papier geradezu überfüllt sein müßte. Ich glaubte wirklich, daß überall Papier herumläge. Es ist eine interessante Überraschung, daß einen Papier täuschen kann.

Ich ließ mich davon allerdings nicht umwerfen. Ich sammelte meine Energie und zog los und ging von Tür zu Tür und fragte die Leute, ob sie irgendwelche Zeitungen und Zeitschriften herumliegen hätten, die sie für die Papieraktion stiften könnten, damit wir den Krieg gewinnen und das Böse für immer zerstören könnten.

Eine alte Frau hörte sich meinen Sermon geduldig an und gab mir dann ein Heft der Zeitschrift *Life*, das sie gerade ausgelesen hatte. Sie schloß die Tür, während ich noch dastand und sprachlos auf die Zeitschrift in meinen Händen starrte. Die Zeitschrift war noch warm.

Im nächsten Haus gab es kein Stückchen Papier, nicht einmal einen alten Briefumschlag, weil mir ein anderes Kind schon zuvorgekommen war.

Im nächsten Haus war niemand daheim.

So ging das eine Woche lang, Tür für Tür, Haus für Haus, Block für Block, bis ich schließlich genug Papier zusammen hatte, um Gefreiter zu werden.

Ich trug meinen gottverdammten kleinen Gefreitenstreifen im allertiefsten Zipfel meiner Hosentasche nach Hause. Es gab schon einige Papieroffiziere zu unserem Block, Leutnants und Hauptleute. Ich fand es nicht der Mühe wert, mir den Streifen an meine Jacke nähen zu lassen. Ich schmiß ihn einfach in eine Schublade und tarnte ihn mit ein paar Socken.

Die nächsten paar Tage suchte ich mit grimmiger Verachtung nach Papier und gabelte in einer Kellerwohnung einen mittelgroßen Stapel *Collier's*-Hefte auf; das reichte für die Obergefreitenstreifen, die umgehend zu meinem Gefreitenstreifen unter den Socken wanderten.

Die Kinder, die am besten angezogen waren und die viel Taschengeld bekamen und jeden Tag etwas Warmes zu essen hatten, waren schon Generäle. Sie wußten, wo es viele Zeitschriften gab, und ihre Eltern hatten Autos. Auf dem Schulhof und auf dem Heimweg von der Schule taten sie sehr militärisch und protzten herum.

Kurz danach, am nächsten Tag oder so, beendete ich meine ruhmreiche militärische Karriere und trat ein in die Reihen der enttäuschten Papierschatten Amerikas, wo das Scheitern ein geplatzter Scheck ist oder ein schlechtes Schulzeugnis oder ein Brief, der eine Liebe beendet und alle die Wörter, die den Leuten weh tun, wenn sie sie lesen.

Fussel

Es ist Abend, und ich werde irgendwie von Gefühlen bedrängt, für die es kein Vokabular gibt und von Ereignissen, die man eher in Dimensionen von Fusseln als in Wörtern ausdrücken sollte.
Ich habe winzige Fetzchen meiner Kindheit untersucht. Es sind Bruchstücke aus einem fernen Leben, die keine Form oder Bedeutung haben. Es sind Dinge, die einfach zufällig vorgekommen sind, wie Fussel.

Eine vollständige Geschichte Deutschlands und Japans

Vor ein paar Jahren (II. Weltkrieg) wohnte ich in einem Motel neben einem Zweigbetrieb von Swifts Konservenfabrik, was eine sehr freundliche Umschreibung für Schlachthof ist.

Sie schlachteten da Schweine, Stunde um Stunde, Tag um Tag, Woche um Woche, Monat um Monat, bis der Frühling Sommer wurde und der Sommer Herbst, indem sie ihnen den Hals durchschnitten, ein Vorgang, auf den regelmäßig eine Art Klanggesang folgte, schrill wie eine Oper, die man durch einen Müllschlucker laufen läßt.

Irgendwie glaubte ich, daß das Schlachten all dieser Schweine etwas mit dem Gewinnen des Kriegs zu tun hatte. Wahrscheinlich, weil auch sonst alles damit zusammenhing.

In den ersten ein oder zwei Wochen, die wir in dem Motel wohnten, machte es mir wirklich zu schaffen. Das dauernde Gekreische war kaum auszuhalten, aber dann gewöhnte ich mich daran, und es war ein Geräusch wie jedes andere auch: ein Vogel, der in einem Baum singt, das Pfeifensignal zur Mittagszeit oder das Radio oder vorbeifahrende Lastautos oder menschliche Stimmen oder die Sätze, mit denen man zum Essen gerufen wurde.

»Du kannst ja nach dem Essen wieder spielen!«
Immer, wenn die Schweine einmal nicht kreischten, war die Stille wie eine Maschine, die kaputtgegangen ist.

Die Versteigerung

Es war eine Versteigerung im regnerischen Pacific Northwest, überall liefen Kinder herum und hantierten mit den Sachen, und Frauen vom Land waren daran interessiert, Schachteln mit gebrauchten Einmachgläsern, gebrauchte Kleider und vielleicht ein paar Möbel fürs Haus zu ersteigern, während die Männer sich für Sättel, Landwirtschaftsgeräte und Vieh interessierten.

Die Versteigerung fand Samstagnachmittag in erregter Gebrauchtwarenatmosphäre und in einem alten Gebäude, einer Kombination aus Lagerhaus und Scheune, statt. Es roch wie die versammelte Geschichte Amerikas.

Der Auktionator verkaufte so schnell, daß es möglich war, Sachen zu kaufen, die erst im nächsten Jahr wieder angeboten würden. Er hatte ein künstliches Gebiß, das so klang wie Grillen, die in der Mundhöhle eines Skeletts auf und ab hüpfen.

Immer wenn eine Schachtel mit altem Spielzeug zur Versteigerung kam, setzten die Kinder ihren Leuten so lange zu, bis man ihnen schließlich mit dem Riemen drohte, wenn sie nicht die Klappe hielten. »Hör jetzt auf damit, oder du kannst ne Woche lang nicht sitzen.«

Man sah immer Kühe und Schafe, Pferde und

Kaninchen, die auf einen neuen Besitzer warteten, oder einen Bauern, der, während er sich die Nase putzte, düster meditierend ein paar Hühner betrachtete.

An regnerischen Winternachmittagen war es ganz toll, weil das Gebäude ein Blechdach hatte, und alles auf der Auktion war sich auf eine wunderbare feuchte Art sehr nahe.

In einer altertümlichen Kiste aus stumpfen Glas und altem gelben Holz, das wie ein Pionierschnurrbart wirkte, befanden sich Schachteln mit steinharten Schokoladenriegeln. Sie kosteten fünfzig Cent pro Schachtel und waren wirklich steinhart, aber aus irgendeinem Kindergrund wollte ich an ihnen herumnagen und suchte jemanden, der sich mit mir an einer Schachtel beteiligen wollte, und so kam ich schließlich 1947 in den Besitz von zwölf steinharten Schokoladenriegeln.

Der Geldtransporter
für Janice

Ich wohnte in einem Zimmer, in dem ein Bett und ein Telefon standen. Das war alles. Ich lag im Bett, und das Telefon klingelte. Die Jalousien waren runtergelassen, und draußen regnete es stark. Es war noch dunkel.
»Hallo«, sagte ich.
»Wer hat den Revolver erfunden?« fragte ein Mann.
Bevor ich noch auflegen konnte, entwischte mir meine Stimme wie ein Anarchist und sagte: »Samuel Colt.«
»Sie haben soeben ein Klafter Holz gewonnen«, sagte der Mann.
»Wer sind Sie denn?« fragte ich.
»Das ist ein Wettbewerb«, sagte er. »Sie haben soeben ein Klafter Holz gewonnen.«
»Ich hab keinen Ofen«, sagte ich. »Ich wohne hier zur Untermiete. Hier gibts keine Heizung.«
»Gibt es irgend etwas außer einem Klafter Holz, was Sie dann vielleicht haben möchten?« sagte er.
»Ja, einen Füller.«
»Gut, wir schicken Ihnen einen. Wie ist denn Ihre Adresse?«
Ich gab ihm meine Adresse und fragte ihn dann, wer den Wettbewerb veranstaltete.
»Das spielt doch keine Rolle«, sagte er. »Der

Füller ist morgen früh in Ihrer Post. Oh, ja, wünschen Sie irgendeine bestimmte Farbe? Das hätte ich fast vergessen.«
»Blau wär prima.«
»Blau ist uns vollständig ausgegangen. Irgendeine andere Farbe? Wir haben noch eine Menge grüne Füller.«
»Gut, dann eben grün.«
»Er ist morgen früh in der Post«, sagte er.
Er war nicht in der Post. Er kam überhaupt nie.
Das einzige, was ich je in meinem Leben gewonnen und wirklich bekommen habe, war ein Geldtransporter. Als Kind fuhr ich Zeitungen aus, und meine Route zog sich meilenweit durch das unwegsame Gelände am Stadtrand hin.

Ich mußte mit meinem Fahrrad einen Hügel hinunterfahren, links und rechts war Weideland, und am Ende der Straße war ein alter Pflaumengarten. Ein Teil der Bäume war abgeholzt worden, und man hatte vier neue Häuser hingebaut.

Vor einem der Häuser stand immer ein gepanzerter Geldtransporter. Die Stadt war klein, und jeden Tag nach der Arbeit brachte der Fahrer den Geldtransporter mit nach Hause. Er parkte ihn draußen vor seinem Haus.

Ich fuhr noch vor sechs Uhr morgens daran vorbei, und alle in den Häusern schliefen noch. Wenn es morgens schon etwas hell war, konnte ich den Geldtransporter schon aus ungefähr einer Viertelmeile Entfernung sehen.

Er gefiel mir, und ich stieg immer vom Fahrrad und ging hin und schaute ihn mir an, klopfte gegen das schwere Metall, schaute durch die kugelsicheren Fenster, trat gegen die Reifen.

Weil morgens noch alle schliefen und ich allein

da draußen war, betrachtete ich den Geldtransporter nach einiger Zeit als mein Eigentum und behandelte ihn auch so.

Eines Morgens stieg ich ein und fuhr den Rest meiner Zeitungen mit dem Geldtransporter aus.

Es muß schon ein etwas komischer Anblick gewesen sein, wie da ein Kind mit einem Geldtransporter Zeitungen ausfuhr.

Ich hatte ziemlichen Spaß daran und machte es bald regelmäßig.

»Da kommt wieder der Junge mit dem Geldtransporter und fährt Zeitungen aus«, sagten die Frühaufsteher. »Das ist vielleicht'n Irrer.«

Das war das einzige, was ich jemals gewonnen habe.

Das literarische Leben in Kalifornien/1964

1

Gestern abend saß ich in einem Lokal an der Bar und unterhielt mich mit einem Freund, der von Zeit zu Zeit zu seiner Frau hinunterschaute, die etwas weiter weg saß. Sie waren schon seit zwei Jahren auseinander: keine Hoffnung.

Sie schäkerte mächtig mit einem Mann herum, und es sah so aus, als hätten sie eine Menge Spaß dabei.

Mein Freund wandte sich dann wieder mir zu und erkundigte sich nach zwei von meinen Gedichtbänden. Ich bin ja kein Lyriker der ersten Garnitur, aber trotzdem stellen mir die Leute manchmal solche Fragen.

Er sagte, er hätte die Bücher mal besessen, aber jetzt hätte er sie nicht mehr. Sie wären weg. Ich sagte ihm daß eins davon vergriffen wäre, und daß er das andere in der City Lights-Buchhandlung bekommen könnte.

Er warf einen langen Blick zu seiner Frau hinunter. Sie lachte gerade über etwas, was der Mann gesagt hatte, der daraufhin sehr mit sich zufrieden war, und wie das eben so geht.

»Ich muß dir ein Geständnis machen«, sagte

mein Freund. »Weißt du noch, wie ich mal nachts von der Arbeit nach Hause gekommen bin und dich und meine Frau mit einem Wermutrausch in der Küche gefunden hab?«

Ich erinnerte mich noch an den Abend, obwohl nichts passiert war. Wir saßen einfach da in der Küche, hörten und Platten an und hatten einen Wermutrausch. Es gab wahrscheinlich Tausende wie uns überall in Amerika.

»Naja, und als du dann weg warst, hab ich die beiden Gedichtbände aus dem Bücherregal geholt und hab sie zerrissen und die Fetzen auf den Boden geworfen. Die Bücher waren völlig hin. Niemand, auch Gott nicht, hätte hier noch zusammenfügen können, was der Mensch zerrissen hatte.«

»Das sind erst zwei«, sagte ich.

»Was?« fragte er.

Er war ein wenig betrunken. Vor ihm auf der Bar standen drei leere Bierflaschen. Die Etiketten waren sorgfältig weggekratzt.

Ich schreib die Bücher bloß«, sagte ich. »Ich bin nicht der Hüter ihrer Seiten. Ich kann mich doch nicht ewig um sie kümmern. Das wär ja glatter Unsinn.«

Ich war auch schon ein wenig betrunken.

»Ist ja auch egal«, sagte mein Freund. »Ich hätte die beiden Bücher gern wieder. Wo kann ich sie denn kriegen?«

»Das eine ist schon seit fünf Jahren vergriffen, und das andere bekommst du bei City Lights«, sagte ich, während ich in meinem Kopf flink zusammensetzte und filmte, was damals noch passiert war, nachdem ich aus der Küche war und nach Hause ging, vom Wermut warm und leuchtend wie eine Laterne. Was er noch zu ihr gesagt hat, bevor er die Gedichtbände holte und zerfetzte. Was sie sagte, was er sagte, welches Buch zuerst drankam, auf welche Art er es zerrissen hat. Ich sah das alles vor mir: wirklich, eine wunderbar heilsame Freveltat, und was dann noch alles drankam.

2

Vor einem Jahr sah ich bei City Lights, wie sich jemand eins meiner Gedichtbücher anschaute. Das Buch gefiel ihm, aber in seinem Gefallen lag ein gewisses Zögern.

Er schaute sich den Umschlag wieder an, dann blätterte er die Seiten wieder durch. Er hielt die Seiten an, als wären sie Uhrzeiger, und er freute sich jedesmal darüber, wie spät es grade war. Er las ein Gedicht um sieben Uhr. Dann kam dieses Zögern wieder und warf seine Schatten auf die Zeit.

Er stellte das Buch ins Regal zurück, dann zog er es wieder heraus. Das Zögern war jetzt zu einer Art nervöser Energie geworden.

Schließlich langte er in seine Tasche und nahm ein Centstück heraus. Dann klemmte er das Buch in seine Armbeuge. Das Buch war jetzt ein Nest, und die Gedichte waren Eier. Er warf das Centstück in die Luft, fing es auf und klatschte es auf seinen Handrücken. Dann zog er die obere Hand weg.

Er stellte den Gedichtband ins Regal zurück und verließ die Buchhandlung. Er wirkte sehr entspannt, als er hinausging. Ich ging rüber, wo er gestanden hatte, und da lag sein Zögern auf dem Fußboden.

Es war wie Lehm, aber nervös und zuckig. Ich steckte es in die Tasche. Ich nahm es mit nach Hause und formte das hier draus, weil ich nichts Besseres mit meiner Zeit anzufangen wußte.

Banner meiner Wahl

Betrunken gebumst und betrunken nicht gebumst und wieder betrunken gebumst, es kommt nicht darauf an. Ich kehre zu dieser Geschichte zurück als einer, der fort war, dem aber schon immer bestimmt war, zurückzukehren, und vielleicht ist das auch am besten.

Ich fand keine Statuen, keine Blumenbukette, keine Liebste, die sagt: »Jetzt lassen wir neue Banner von der Burg wehen, und es werden Banner unserer Wahl sein«, die meine Hand hält, meine Hand in ihre nimmt.

Nichts von alledem für mich.

Meine Schreibmaschine ist ziemlich schnell, als wäre sie ein Pferd, das gerade dem Äther entkommen ist und durch die Stille rast, und die Wörter galoppieren in geschlossener Ordnung, während draußen die Sonne scheint.

Vielleicht erinnern sich die Wörter an mich.

Es ist der vierte Tag im März 1964. Die Vögel, die ganze Vogelschar, singen in der Voliere auf der hinteren Veranda, und ich versuche, mit ihnen zu singen: Betrunken gebumst und betrunken nicht gebumst und wieder betrunken gebumst, ich bin wieder in der Stadt.

Ruhm in Kalifornien/1964

1

Es ist wirklich schon was, wenn einem der Ruhm seinen federleichten Hebebalken unter den Felsen steckt und einen herausläßt, hochläßt ans Licht, zusammen mit sieben Ameisenlarven und einer Kellerassel.

Ich will Ihnen sagen, was dann passiert. Vor ein paar Monaten kam einer meiner Freunde an und sagte: »Du bist eine Figur in dem Roman, mit dem ich gerade fertig geworden bin.«

Ich kam richtig in Schwung, als ich das hörte. Ich sah mich sofort als der romantische Held oder als der Bösewicht: »Er legte seine Hand auf ihre Brust, und ihre Brille beschlug sich in seinem heißen Atem«, oder »Er lachte, als sie aufschrie und gab ihr einen Tritt, daß sie wie ein Sack voll dreckiger Wäsche die Treppe hinunterstürzte.«

»Was mach ich denn in deinem Roman?« fragte ich, in Erwartung großer Worte.

»Du machst eine Tür auf«, sagte er.

»Was mach ich denn sonst noch?«

»Das ist alles.«

»Oh«, sagte ich. Mein Ruhm schwand dahin. »Hätte ich nicht etwas anderes machen können? Vielleicht zwei Türen aufmachen? Oder jemanden küssen?«

»Die eine Tür war genug«, sagte er. »Du warst einfach perfekt.«

»Hab ich etwas gesagt, als ich die Tür aufmachte?« Ich hatte immer noch ein wenig Hoffnung.

»Nein.«

2

Letzte Woche traf ich einen befreundeten Fotografen. Wir machten eine Tour durch die Bars. Er machte ein paar Fotos. Er ist ein sehr umsichtiger junger Fotograf und versteckt seine Kamera wie eine Pistole unter seiner Jacke.

Er will nicht, daß die Leute merken, was er tut. Will sie lebensgetreu erwischen. Will nicht, daß sie nervös werden und sich wie Filmstars aufführen.

Dann zückt er seine Kamera wie der Bankräuber, der entwischt ist: dieser einfache Junge aus Indiana, der jetzt in der Schweiz lebt, sich im Hochadel und der großen Geschäftswelt bewegt und einen ausländischen Akzent kultiviert.

Gestern hab ich den jungen Fotografen wieder getroffen, und er hatte ein paar große Abzüge von den Fotos dabei, die er letzte Woche gemacht hat.

»Ich hab dich fotografiert«, sagte er. »Warte, ich zeigs dir.«

Er zeigte mir etwa ein Dutzend Bilder und dann, als er zum nächsten kam, sagte er: »Da!« Es war das Foto einer alten Frau, die einen ziemlich deplazierten Martini trank.

»Da haben wir dich«, sagte er.

»Wo?« fragte ich. »Ich bin doch keine alte Frau.«

»Natürlich nicht«, sagte er. »Da auf dem Tisch ist deine Hand.«

Ich musterte das Foto an allen Ecken und Enden, und da war tatsächlich meine Hand, aber jetzt frage ich mich allmählich, wie es den sieben Ameisenlarven und der Kellerassel ergangen ist.

Hoffentlich haben sie es ein bißchen besser erwischt als ich, nachdem uns dieser federleichte Hebebalken zum Licht emporgehoben hat. Vielleicht haben sie eine eigene Fernsehshow und kommen gerade mit einer LP heraus, und ihre Romane erscheinen bei Viking, und *Time* befragt sie zur Person: »Sagen Sie uns einfach, wie sie angefangen haben. In ihren eigenen Worten.«

Erinnerung an ein Mädchen

Immer wenn ich das Gebäude der Fireman's Fund Insurance Company sehe, muß ich an ihre Brüste denken. Das Gebäude liegt an der Ecke Presidio-, California Street in San Francisco. Es ist ein schwermütiges Gebäude aus Backstein und Glas, und es sieht aus wie ein kleineres Philosophiesystem, das genau auf das Gelände geplumpst ist, auf dem einmal einer der berühmtesten Friedhöfe Kaliforniens lag:

Laurel Hill Cemetery
1854-1946

Elf Senatoren der Vereinigten Staaten wurden hier beerdigt.
Sie und alle andern wurden schon vor Jahren umgebettet, aber neben der Versicherung stehen immer noch ein paar hohe Zypressen.
Früher warfen die Bäume ihre Schatten auf die Gräber. Sie hatten tagsüber Teil an den Tränen und der Trauer und nachtsüber an der Stille, die nur vom Wind unterbrochen wurde.
Ich überlege mir, ob sie sich manchmal Fragen stellen wie: Wo sind denn alle die Toten hin? Wo hat man sie denn hingebracht? Und wo sind die,

die sie immer besuchen gekommen sind? Warum hat man uns zurückgelassen?

Vielleicht sind diese Fragen auch zu poetisch. Vielleicht wäre es am besten, einfach zu sagen: neben einer Versicherungsgesellschaft in Kalifornien stehen vier Bäume.

Ich bin geboren, um für alle Zeit dies zu berichten: Ich kenne diese Leute nicht, und die Blumen sind nicht von mir.

Kalifornien im September

22. September bedeutet, daß sie in einem schwarzen Badeanzug am Strand liegt und sehr gewissenhaft ihre eigene Temperatur mißt.

Sie ist schön: lang und weiß und offensichtlich eine Sekretärin aus der Montgomery Street, die drei Jahre aufs San Jose State College gegangen ist, und das ist nicht das erste Mal, daß sie in einem schwarzen Badeanzug am Strand ihre eigene Temperatur mißt.

Sie scheint sich gut zu unterhalten, und ich kann meine Augen nicht von ihr abwenden. Hinter dem Thermometer fährt ein Schiff aus der Bucht von San Francisco hinaus, unterwegs zu Städten auf der anderen Seite der Erde, zu all diesen Orten.

Ihr Haar hat dieselbe Farbe wie das Schiff. Ich kann den Kapitän fast erkennen. Er sagt etwas zu einem seiner Leute.

Jetzt nimmt sie das Thermometer aus dem Mund, schaut es an, lächelt, es ist alles in Ordnung, und steckt es weg in ein kleines lila Etui.

Der Matrose versteht nicht, was der Kapitän gesagt hat, und deshalb muß es der Kapitän nochmal wiederholen.

Kalifornische Blumenstudie

Oh, plötzlich ist unterwegs nichts mehr zu sehen und nichts, wenn ich hinkomme, und ich sitze in einem Kaffeehaus und höre einer Frau zu, die mehr Kleider trägt, als ich je im Leben Geld gehabt habe.

Sie glänzt ganz in Gelb und mit Schmucksachen und einer Sprache, die ich nicht verstehe. Sie redet über etwas, das ohne Wichtigkeit ist, besteht darauf. Ich sehe das alles daran, daß der Mann, der bei ihr ist, ihr nichts davon abnimmt und geistesabwesend ins Universum starrt.

Der Mann hat kein einziges Wort gesagt, seit sie sich hier mit zwei Tassen Espresso hingesetzt haben, die sie begleiten wie zwei kleine schwarze Hunde. Vielleicht hat er das Reden schon völlig aufgegeben. Er ist wahrscheinlich ihr Mann.

Plötzlich redet sie auf englisch weiter. Sie sagt »Er sollte es wissen. Es sind doch seine Blumen« in der einzigen Sprache, die ich verstehe, und es kommt keine Antwort, kein Echo den ganzen Weg zurück zum Ursprung, wo nichts auch nur irgendwie hätte anders sein können.

Das verratene Königreich

Diese Liebesgeschichte ereignete sich im letzten Frühling der Beat Generation. Das Mädchen muß jetzt Mitte dreißig sein und ich frage mich, was sie jetzt treibt und ob sie immer noch auf Parties geht.

Ihr Name ist meinem Gedächtnis entfallen. Er ist jetzt bei all den andern Namen, die ich vergessen habe und die wie ein Strudel aus fragmentierten Gesichtern und unsichtbaren Silben durch meinen Kopf wirbeln.

Sie wohnte in Berkeley, und ich hab sie damals im Frühling oft auf Parties gesehen.

Sie kam immer ganz aufgedonnert zu einer Party und sie ging ganz schön ran und trank Wein und flirtete, bis es Mitternacht wurde, und dann zog sie immer ihre Schau ab vor dem, den sie grade angespitzt hatte und zufällig war das oft einer meiner Freunde, der ein Auto hatte. Einen nach dem andern ereilte das Schicksal, das sie für sie bereithielt.

»Fährt jemand nach Berkeley? Ich muß noch nach Berkeley«, verkündete sie mit erotisierender Stimme. Sie trug eine kleine goldene Uhr, damit sie die Mitternachtsstunde nicht verpaßte.

Einer von meinen Freunden sagte dann immer ja, war zu sehr vom Wein benebelt, und fuhr sie nach Berkeley, und sie führte sie dann immer in ihre kleine Wohnung und sagte ihnen, daß sie nicht mit ihnen ins Bett gehen würde, daß sie mit niemandem ins Bett ginge, aber wenn sie wollten, könnten sie auf ihrem Fußboden schlafen. Sie hatte noch eine übrige Wolldecke.

Meine Freunde waren immer zu betrunken, als daß sie nach San Francisco zurückfahren hätten können, und so schliefen sie eben auf ihrem Fußboden, hielten diese grüne Armeedecke fest umschlungen und wachten am Morgen steif und knatschig auf wie ein rheumatischer Kojote. Es gab weder Kaffee noch sonstwas zum Frühstück, und sie war wieder mal nach Berkeley gefahren worden.

Ein paar Wochen darauf sah man sie dann wieder auf einer Party und Schlag Mitternacht sang sie dann wieder ihr Liedchen: »Fährt jemand nach Berkeley. Ich muß noch nach Berkeley.« Und irgendein armer Schweinehund, immer einer meiner Freunde, fiel darauf herein und machte sich auf den Weg zu der Decke auf ihrem Fußboden.

Ich war offensichtlich unfähig, ihre Anziehungskraft zu begreifen, denn mir hat sie nie etwas getan. Ich hatte natürlich kein Auto. Das war es wahrscheinlich. Man mußte ein Auto haben, um ihre Reize zu begreifen.

Ich erinnere mich an eine Nacht, als alle Wein tranken und sich vergnügten und Musik hörten. Oh, diese Tage der Beat Generation! Reden, Wein und Jazz!

Miss Berkeley-Fußboden schwebte durch die Gegend und verbreitete überall Freude, außer bei denen meiner Freunde, die sich ihrer Gastfreundschaft schon erfreut hatten.

Dann kam Mitternacht und »Fährt jemand nach Berkeley.« Sie gebrauchte immer dieselben Worte. Wahrscheinlich, weil sie so gut wirkten: perfekt.

Einer meiner Freunde, der mir von seinen Abenteuern mit ihr erzählt hatte, schaute mich an und lächelte, als ein anderer Freund, noch unberührt von Fußbodenerfahrungen und ziemlich erregt und vom Wein einer ganzen Nacht benebelt, anbiß.

»Ich fahr dich nach Hause«, sagte er.

»Wunderbar«, sagte sie und lächelte verlokkend.

»Hoffentlich macht es ihm Spaß, auf dem Fußboden zu schlafen«, sagte mein Freund halblaut zu mir, laut genug, daß sie es hören konnte, aber nicht so laut, daß er es hörte, weil sein Kismet ihn dazu bestimmte, die Bekanntschaft eines Fußbodens in Berkeley zu machen.

Mit anderen Worten, die Schau, die das Mädchen abzog, war ein sehr esoterischer Insiderwitz unter den Geprellten geworden und sie schauten immer mit Vergnügen zu, wenn sich jemand anderer auf die Karussellfahrt nach Berkeley machte.

Sie holte ihren Mantel und dann schlenderten sie beide hinaus, aber sie hatte selber ein bißchen zuviel Wein getrunken, und ihr wurde übel als sie bei seinem Auto ankamen, und sie spuckte den ganzen vorderen Kotflügel voll.

Als sie ihren Magen entleert hatte und sich ein bißchen besser fühlte, fuhr mein Freund sie nach Berkeley und sie ließ ihn in diese gottverdammte Decke eingewickelt auf dem Fußboden schlafen.

Am nächsten Morgen kam er nach San Francisco zurück: steif, verkatert und so scheißwütend, daß er ihre Kotze nicht vom Kotflügel wegwusch. Er fuhr monatelang damit durch San Francisco, und das Zeug thronte auf dem Kotflügel wie ein verratenes Königreich, bis es von selbst abgescheuert war.

Das hier hätte eine lustige Geschichte werden können, wenns nicht so wäre, daß die Leute ein bißchen Liebe brauchen, und, Gott, manchmal ist es schlimm, durch wieviel Scheiße sie müssen, um ein bißchen was zu finden.

Frauen wenn sie am Morgen ihre Kleider anziehen

Es ist wirklich eine wunderschöne Umkehrung und Umwertung, wenn Frauen am Morgen ihre Kleider anziehen: sie ist noch ganz neu, und du hast noch nie zuvor gesehen, wie sie sich anzieht.

Ihr liebt euch, und ihr habt miteinander geschlafen, und es gibt nichts mehr, was man da noch tun kann, also ist es Zeit für sie, ihre Sachen anzuziehen.

Vielleicht habt ihr schon gefrühstückt, und sie ist in ihren Pullover geschlüpft, um ein schönes, pullovernacktes Frühstück zu machen (ihr schöner, warmer Körper bewegt sich leise in der Küche), und ihr habt beide lange über Rilkes Lyrik diskutiert, über die sie, für dich überraschend, eine Menge wußte.

Aber jetzt ist es Zeit für sie, ihre Sachen anzuziehen, weil ihr alle beide schon soviel Kaffee getrunken habt, daß ihr nichts mehr trinken könnt, und es ist Zeit für sie, nach Hause zu gehen, und es ist Zeit für sie, zur Arbeit zu gehen, und du willst allein bleiben, weil du im Haus was zu tun hast, und ihr geht zusammen raus und macht einen schönen Spaziergang, und es ist Zeit für *dich*, nach Hause zu gehen, und es ist Zeit für *dich*, zur Arbeit zu gehen, und sie will im Haus noch was tun.

Oder... vielleicht ist es sogar Liebe.

Aber egal: Es ist Zeit für sie, ihre Sachen anzuziehen, und es ist sehr schön, wenn sie es tut. Ihr Körper verschwindet allmählich, und es sieht hübsch aus, wenn er völlig bekleidet wieder zum Vorschein kommt. Das Ganze hat etwas Jungfräuliches. Sie hat ihre Sachen an, und der Anfang ist vorbei.

Halloween in Denver*

Sie glaubte nicht, daß irgendwelche Trick-or-treaters zu ihr kämen, deshalb hatte sie auch nichts für sie gekauft. Das ist ja eigentlich klar, oder? Aber sehen wir mal, was daraus entstehen kann. Es könnte interessant werden.

Fangen wir damit an, wie ich auf ihre Situationsanalyse mit folgenden Worten reagiert habe: »Besorg doch was für die Kinder, verdammtnochmal. Schließlich wohnst du hier auf dem Telegraph Hill, und es gibt ne Menge Kinder in der Gegend, und ein paar kommen bestimmt hier vorbei.«

Ich sagte das auf eine Art, daß sie zum Laden runterging und ein paar Minuten später mit einem Karton Kaugummi wiederkam. Der Kaugummi war in kleinen Schachteln, die Chiclets heißen, und in dem Karton war eine Menge von diesen Schachteln.

»Zufrieden?« sagte sie.

Sie ist Widder.

»Ja«, sagte ich.

Ich bin Wassermann. Wir hatten auch zwei Kürbisse: beide Skorpione.

»s. Fußnote Seite 92

Und ich saß am Küchentisch und schnitzte an einem Kürbis herum. Es war seit vielen Jahren wieder der erste Kürbis, den ich schnitzte. Es machte ganz schön Spaß. Mein Kürbis hatte ein rundes und ein dreieckiges Auge und ein nicht besonders intelligentes hexenhaftes Lächeln.

Sie kochte ein wunderbares Essen aus frischem Rotkohl und Würstchen und briet ein paar Äpfel im Bratrohr.

Während das Essen schön vor sich hinkochte, schnitzte sie ihren Kürbis. Er sah ziemlich modernistisch aus, als sie ihn fertig hatte. Er sah eher aus wie ein Haushaltsgerät als wie ein Laternenkürbis.

In der ganzen Zeit, in der wir Kürbisse schnitzten, klingelte es nicht ein einziges Mal an der Tür. Sie blieb völlig kinderleer, kein Trick-or-treater tauchte auf, aber ich geriet deswegen nicht in Panik, obwohl wir unheimlich viel Chiclets hatten, die unruhig in einer Schüssel warteten.

Um halb acht aßen wir, und es schmeckte sehr gut. Dann waren wir mit dem Essen fertig und noch immer waren keine Trick-or-treaters gekommen, und es war schon nach acht, und es sah allmählich nicht mehr so rosig aus. Ich wurde langsam nervös.

Ich bekam mit der Zeit das Gefühl, daß es jeder Tag außer Halloween sein könnte.

Sie schaute natürlich glückselig und mit einem Hauch buddhistischer Einfalt auf die Szene herab und unterließ es wohlweislich, die Tatsache zu erwähnen, daß noch kein einziger Trick-or-treater unsere Schwelle betreten hatte.

Dadurch wurde auch nichts besser.

Um neun Uhr gingen wir rüber und legten uns auf ihr Bett, redeten über dies und das, und ich fühlte mich sehr verletzt, weil uns sämtliche Trick-or-treaters im Stich gelassen hatten, und ich sagte sowas wie »Wo bleiben denn diese kleinen Mistviecher bloß?«

Ich hatte die Schüssel mit den Chiclets ins Schlafzimmer gebracht, damit ich sie gleich bei der Hand hätte, wenn es an der Tür läutete. Die Schüssel saß verzagt auf einem Tisch neben dem Bett. Es war ein sehr einsamer Anblick.

Um halb zehn fingen wir an zu bumsen.

Ungefähr vierundfünfzig Sekunden später hörten wir eine Schar von Kindern in einem Wirbelsturm aus Halloweengekreische und irrsinnigem Türgeklingel die Treppe heraufrennen.

Ich schaute zu ihr hinunter, und sie schaute zu mir herauf, und unsere Augen trafen sich in Gelächter, das allerdings nicht zu laut war, weil wir plötzlich nicht mehr zu Hause waren.

Wir waren in Denver, standen Hand in Hand an einer Straßenecke und warteten, daß die Ampel grün wurde.

Atlantisburg

Im Hintergrund standen ein paar Pooltische, und in unserer Nähe war ein Tisch voll Betrunkener. Ich unterhielt mich mit einem jungen Mann, der gerade aus seiner Arbeit geschaßt worden war und froh darüber war, aber der Abend und der Gedanke, sich nächste Woche nach Arbeit umschauen zu müssen, ödeten ihn an. Er war auch wegen der Situation bei sich zu Hause ziemlich durcheinander und ging sehr ausführlich darauf ein.

Wir lehnten an einem Flipper und unterhielten uns eine Weile. Im Hintergrund lief eine Partie Poolbillard. Eine kleine schwarze Lesbierin von bulligem Aussehen spielte Pool mit einem alten Italiener, einem Arbeitertyp. Vielleicht arbeitete er mit Gemüse, oder er war was anderes. Die Lesbierin war ein *seaman*, eine von diesen professionellen Kartengeberinnen. Sie waren in ihrem Spiel völlig gefangen.

Einer der Betrunkenen am Tisch verschüttete sein Glas über den Tisch und wurde auch selber völlig naß.

»Hol einen Wischlappen«, sagte einer der anderen Betrunkenen.

Der, der das Glas umgeschüttet hatte, stand schwankend auf, ging an die Bar und fragte den

Barmixer nach einem Lappen. Der Barmixer beugte sich über die Bar und sagte etwas zu ihm, das wir nicht hören konnten. Der Betrunkene kam und setzte sich hin. Er hatte keinen Wischlappen.

»Wo ist denn der Lappen?« fragte der andere Betrunkene.

»Er hat gesagt, ich bin ihm noch fünfundvierzig Dollar und sechzig Cent schuldig. Mein Konto...«

»Na schön, ich bin ihm keine fünfundvierzig Dollar und sechzig Cent schuldig. Ich geh rüber und hol einen Wischlappen. Der Tisch ist ja völlig versaut«, und er steht auf, um zu beweisen, daß er dem Barmixer keine fünfundvierzig Dollar und sechzig Cent schuldig ist.

Der Tisch wurde wieder in seinen Normalzustand versetzt. Sie sprachen jetzt über etwas, wovon ich was verstehe.

Schließlich sagte mein Freund: »Was für ne gottverdammt langweilige Nacht. Ich geh mal rüber und schau der Lesbe beim Pool zu.«

»Ich glaub, ich bleib hier und hör den Betrunkenen ein bißchen zu«, sagte ich.

Er ging rüber und schaute der schwarzen Lesbierin und dem alten Italiener beim Pool zu. Ich stand an den Flipper gelehnt da und hörte zu, wie die Betrunkenen sich über versunkene Städte unterhielten.

Die Aussicht vom Hundsturm

»...drei junge Schäferhunde haben sich an der Nordgrenze des Bezirks zu weit von zu Hause entfernt und verlaufen.«
– *North County Journal*
Für den Bezirk Northern Santa Cruz

Ich denke jetzt schon seit ein paar Monaten immer wieder an diese kleine Zeitungsnotiz, die ich im *North County Journal* gelesen habe. Sie hat das Ausmaß einer kleinen Tragödie. Ich weiß, rundherum auf der Welt gedeiht soviel Entsetzliches (Vietnam, Hungersnöte, Unruhen, ein Leben in hoffnungsloser Angst etc.), daß drei kleine Hunde, die sich verlaufen, nicht viel bedeuten, aber es bekümmert mich, und ich sehe dieses kleine Ereignis als ein mögliches Teleskop, in dem ein größerer Schmerz sichtbar wird.

»... drei junge Schäferhunde haben sich an der Nordgrenze des Bezirks zu weit von zu Hause entfernt und verlaufen.« Es klingt wie etwas aus einem Lied von Bob Dylan.

Vielleicht sind sie spielend, bellend und einander jagend in den Wäldern verschwunden, wo sie bis zum heutigen Tag herumirren, sich zusammenkrümmen wie Hundeabfall, nach irgendwas Eßbarem suchen und intellektuell außerstande sind, zu begreifen, was mit ihnen geschehen ist, weil ihr Hirn mit ihrem Magen verschmolzen ist.

Ihre Stimmen sind jetzt nur noch dazu da, vor Angst und Hunger zu schreien, und die Tage des Spielens sind vorbei, diese Tage des sorglosen Vergnügens, das sie in die schrecklichen Wälder geführt hat.

Ich habe Angst, daß diese armen, verirrten Hunde die Vorzeichen einer künftigen Reise sein könnten, wenn wir nicht aufpassen.

Greyhound-Tragödie

Sie wollte, daß aus ihrem Leben eine Illustriertentragödie würde wie in den Filmzeitschriften, wie der Tod des jungen Stars, mit langen Reihen weinender Leute und einer Leiche, die schöner war als ein großes Gemälde, aber sie schaffte es einfach nicht, aus der kleinen Stadt in Oregon wegzugehen, in der sie geboren und aufgewachsen war, und nach Hollywood zu gehen und zu sterben.

Obwohl damals die Wirtschaftskrise war, verlief ihr Leben angenehm und behütet, weil ihr Vater Geschäftsführer von Penney's Warenhaus war und in finanzieller Hinsicht treu für seine Familie sorgte.

Filme waren die Religion ihres Lebens, und sie besuchte jede Messe mit einer Tüte Popcorn ausgerüstet. Filmzeitschriften waren ihre Bibel, die sie mit dem Eifer eines Doktors der Theologie studierte. Sie verstand wahrscheinlich mehr von Filmen als der Papst.

Die Jahre gingen vorüber wie die Abonnements ihrer Zeitschriften: 1931, 1932, 1933, 1934, 1935, 1936, 1937, bis zum 2. September 1938.

Jetzt war es endlich an der Zeit, daß sie ihren Zug machte, falls sie je nach Hollywood gehen wollte. Es gab da einen jungen Mann, der sie heiraten wollte. Ihre Eltern waren sehr von seinen Zukunftsaussichten angetan. Sie waren sehr mit ihm einverstanden, weil er Autoverkäufer bei Ford war. »Das ist ein Unternehmen mit guter Tradition«, sagte ihr Vater. Es sah wirklich nicht gut für sie aus.

Sie verbrachte Monate damit, all ihren Mut zusammenzunehmen und zum Busbahnhof hinunterzugehen, um herauszufinden, was die Fahrt nach Hollywood kostete. Manchmal dachte sie tagelang an nichts anderes als den Busbahnhof. Ein paarmal wurde ihr sogar schwindlig, und sie mußte sich hinsetzen. Sie kam einfach nicht auf die Idee, daß sie auch hätte anrufen können.

Sie machte es sich in diesen nervösen Monaten zum Prinzip, nie am Busbahnhof vorbeizugehen. Die ganze Zeit daran zu denken, war eine Sache, aber ihn wirklich zu sehen, war etwas ganz anderes.

Einmal fuhr sie mit ihrer Mutter in die Stadt, und ihre Mutter wollte in die Straße einbiegen, in der der Busbahnhof lag, und sie bat ihre Mutter, *bitte* in eine andere Straße abzubiegen, weil sie in einem Geschäft in dieser Straße noch etwas kaufen wollte.

Irgendwelche Schuhe.

Ihre Mutter dachte sich nichts dabei und bog später ab. Sie dachte nicht daran, ihre Tochter zu fragen, warum sie so rot im Gesicht sei, aber das war nicht ungewöhnlich, weil sie selten daran dachte, sie überhaupt etwas zu fragen.

Einmal wollte sie morgens mit ihr wegen der ganzen Filmillustrierten reden, die mit der Post kamen. Die würden ja eines Tages den Briefkasten so verstopfen, daß sie einen Schraubenzieher bräuchte, um die Post herauszukriegen. Aber mittags hatte ihre Mutter das Ganze schon wieder vergessen. Das Gedächtnis ihrer Mutter hatte noch nie bis zwölf durchgehalten. Normalerweise ging ihm um halb zwölf die Puste aus, aber sie konnte gut kochen, falls die Rezepte einfach waren.

Die Zeit schmolz dahin wie das Popcorn in einem Clark-Gable-Film. Ihr Vater hatte in letzter Zeit eine Menge »Andeutungen« fallen lassen, von wegen, daß sie schon seit drei Jahren aus der Highschool wäre und daß es vielleicht an der Zeit wäre, sich Gedanken darüber zu machen, was man mit seinem Leben anfangen möchte.

Er war nicht wegen nichts Geschäftsführer bei Penney's. Seit einiger Zeit, genauer gesagt: seit ungefähr einem Jahr, war er es leid, zuzuschauen, wie seine Tochter die ganze Zeit im Haus herumsaß und mit tellergroßen Augen Filmillustrierte las. Sie kam ihm allmählich vor wie ein stumpfer Holzklotz.

Die Andeutungen ihres Vaters fielen zufällig mit dem vierten Heiratsantrag des jungen Autoverkäufers zusammen. Die ersten drei hatte sie mit der Begründung abgelehnt, daß sie noch Bedenkzeit brauchte, was in Wirklichkeit bedeutete, daß sie versuchte, all ihren Mut zusammenzunehmen und zum Busbahnhof hinunterzugehen, um herauszufinden, was die Fahrt nach Hollywood kostete.

Schließlich brachten sie ihr eigenes übermächtiges Verlangen und die »Andeutungen« ihres Vaters dazu, daß sie sich aus dem Haus wagte; sie drückte sich nach dem Abendessen vor dem Abspülen und ging in der warmen Dämmerung langsam zum Busbahnhof hinunter. Sie hatte vom 10. März 1938 bis zum Abend des 2. September

1938 überlegt, was die Busfahrkarte nach Hollywood kosten könnte.

Der Busbahnhof war kahl, unromantisch und sehr weit von der Kinoleinwand entfernt. Auf einer Bank saßen zwei alte Leute und warteten auf einen Bus. Die alten Leute waren müde. Sie wollten jetzt schon da sein, wo sie hinfahren wollten. Ihr Koffer war wie eine ausgebrannte Glühbirne.

Der Mann, der die Fahrkarten verkaufte, sah aus, als hätte er auch irgendwas anderes verkaufen können. Er hätte genausogut Waschmaschinen oder Gartenmöbel verkaufen können wie Fahrkarten in andere Orte.

Ihr Gesicht war rot, und sie war nervös. Ihr Herz fühlte sich verloren hier im Busbahnhof. Sie versuchte, so zu tun, als wartete sie auf jemanden, eine Tante vielleicht, die mit dem nächsten Bus kam, während sie innerlich ganz verzweifelt versuchte, ihren Mut zusammenzunehmen und zu fragen, was es denn kostete, wenn man nach Hollywood fahren wollte, aber für die anderen war es gleichgültig, was für Wartespiele sie vortäuschte.

Keiner nahm Notiz von ihr, obwohl sie sich als Erdbebenherd hätte vermieten können. Sie kümmerten sich einfach nicht darum. Es war eine dumme Nacht im September, und sie hatte einfach nicht den Nerv, sich zu erkundigen, was die Fahrt nach Hollywood kostete.

Sie weinte den ganzen Heimweg über, während sie durch die warme, sanfte Oregon-Nacht ging, und jedesmal, wenn ihre Füße den Boden berührten, hätte sie sterben mögen. Es war windstill, und die Schatten trösteten sie. Sie waren wie nahe Verwandte, und so heiratete sie den jungen Autoverkäufer und fuhr jedes Jahr einen neuen Wagen, außer im Zweiten Weltkrieg. Sie bekam zwei Kinder, die sie Jean und Rudolph nannte, und damit sollte ihr schöner Filmstartod sein Bewenden haben, aber heute, einunddreißig Jahre später, wird sie immer noch rot, wenn sie am Busbahnhof vorbeigeht.

Verrückte alte Frauen fahren heutzutage in den Bussen Amerikas
Für Marcia Pacaud

Eine von ihnen sitzt gerade hinter mir. Sie trägt einen alten Hut mit Plastikfrüchten drauf, und ihre Augen schießen wie Fruchtfliegen in ihrem Gesicht hin und her.

Der Mann, der neben ihr sitzt, stellt sich tot.

Sie redet mit ihm in einem unaufhörlichen Atemstrom, der knatterig aus ihrem Mund kommt wie eine Vision zorniger Kegelbahnen am Samstagabend, und Millionen von Kegeln bahnen sich krachend den Weg aus ihrem Gebiß.

Der Mann, der neben ihr sitzt, ist ein alter, sehr kleiner Chinese, der Teenagersachen anhat. Jacke, Hose, Schuhe und Mütze passen zu einem fünfzehnjährigen Jungen. Ich hab schon eine Menge alte Chinesen gesehen, die Teenagersachen anhatten. Es muß seltsam sein, wenn sie sie im Geschäft kaufen.

Der alte Chinese hat sich neben das Fenster gekauert und sitzt völlig zerdrückt da, und man kann nicht mal sagen, daß er noch atmet. Ihr ist es ganz egal, ob er lebt oder tot ist.

Er war noch am Leben, als sie sich neben ihn setzte und anfing, ihm von ihren Kindern zu erzählen, aus denen nichts geworden ist, und von ihrem Mann, der Alkoholiker ist, und dem Loch in dem verdammten Autodach, das er einfach nicht repariert, weil er dauernd betrunken ist, und sie ist einfach zu müde, was zu tun, weil sie die ganze Zeit in einem Café arbeitet – Ich bin bestimmt die älteste Bedienung auf der Welt – und ihre Füße machen nicht mehr mit, und ihr Sohn sitzt im Gefängnis, und ihre Tochter lebt mit einem alkoholsüchtigen Lastwagenfahrer zusammen, und sie haben drei kleine Bankerte zuhause, und sie hätte gern einen Fernseher, weil sie nicht mehr Radio hören kann.

Sie hat vor zehn Jahren mit dem Radiohören aufgehört, weil sie keine richtigen Sendungen mehr finden konnte. Alles, was sie jetzt bringen, ist Musik und Nachrichten, und ich mag die Musik nicht, und die Nachrichten kann ich nicht verstehen, und es ist ihr ganz egal, ob dieser Scheißchinese lebt oder tot ist.

Vor dreiundzwanzig Jahren hat sie in Sacramento mal was Chinesisches gegessen und hinterher fünf Tage lang die Scheißerei gehabt, und alles, was sie jetzt sehen kann, ist ein Ohr vor ihrem Mund.

Das Ohr sieht aus wie ein kleines gelbes abgestorbenes Horn.

Die genaue Zeit

Ich werde eine Seifenblase blasen so gut wie ich nur kann, vielleicht auch ein paar mehr. Nicht, daß sie übermäßig wichtig wären und etwas veränderten, außer der einen, die vom Bus Nummer 30 nach Stockton angefahren wurde. Das ist natürlich eine andere Geschichte.

Meine Freundin hat sich verspätet, und ich bin schließlich allein in den Park gegangen. Die Warterei ist mir einfach zu langweilig geworden, es war mir einfach zu langweilig, in dem Buchladen da herumzustehen und einen Roman über Leute zu lesen, die es die ganze Zeit über in recht wohlhabender Umgebung miteinander treiben. Sie sah gut aus, aber ich wurde eben auch älter, schlaffer.

Es war einer von diesen typischen Sommernachmittagen, die wir in San Francisco immer erst im Herbst bekommen. Der Park war wie immer: Kinder spielten Dies-sind-die-Tage-meiner-Jugend, alte Leute bräunten noch, was das Grab nur allzu bald verdunkeln würde, und die Beatniks lagen im Gras wie vergammelte Bettvorleger, die auf die Ankunft des großen weisen Teppichhändlers warteten.

Bevor ich mich hinsetzte, ging ich einmal um den Park herum: ein weiter, ausgedehnter Kreis, der sich sanft vollendete. Dann setzte ich mich hin, aber noch bevor ich die Gegend betrachten konnte, in der ich jetzt war, fragte mich ein alter Mann, wieviel Uhr es wäre.

»Es ist viertel vor drei«, sagte ich, obwohl ich nicht wußte, wie spät es war. Ich wollte einfach hilfsbereit sein.

»Dankeschön«, sagte er und ein altes, erleichtertes Lächeln huschte über sein Gesicht.

Für den alten Mann war viertel vor drei die genaue Zeit, es war die Zeit, die er wollte, die einzige Zeit, über die er sich richtig freuen konnte. Ich fühlte mich ziemlich wohl danach.

Ich blieb noch ein paar Augenblicke sitzen und sah sonst nichts zum Erinnern und nichts zum Vergessen. Ich stand auf und ging weiter und ließ einen glücklichen alten Mann zurück.

Alles, was ich weiß, verdanke ich dem Bund Amerikanischer Pfadfinder, ich hatte meine tägliche gute Tat getan, und alles, was mir noch zur moralischen Vervollkommnung fehlte, war eine altersschwache Feuerwehr, der ich über die Straße helfen konnte.

»Danke, mein Junge«, ihr arthritisches Rot riecht nach Alter, ihre Leiter ist von schlohweißem Haar bedeckt und ihre Sirene schon leicht vom grauen Star überzogen.

An der Stelle, an der ich aus dem Park gehen wollte, spielten Kinder mit Seifenblasen. Sie hatten ein Gefäß mit diesem erstaunlichen Seifenblasenzeug und kleine Stäbchen mit einem Metallring dran, mit denen sie die Seifenblasen losschickten, sie mit der Luft zusammenbrachten.

Statt den Park zu verlassen, blieb ich stehen und schaute zu, wie die Seifenblasen den Park verließen. Sie hatten extrem kurze Sterblichkeitsintervalle. Ich beobachtete, wie sie immer wieder plötzlich über dem Bürgersteig und über der Straße vergingen: wie ihre Regenbogenprofile aufhörten zu existieren.

Ich überlegte, wie das wohl zugehen konnte, schaute genauer hin und sah, daß sie in der Luft mit Insekten kollidierten. Eine reizende Idee! und dann wurde eine der Seifenblasen vom Bus Nummer 30 nach Stockton angefahren.

WUMM! wie der Zusammenstoß zwischen einem inspirierten Trompetensolo und einem Concerto grosso, bei dem alle die andern Seifenblasen sehen konnten, wie man in großer Manier abtritt.

Ferien in Deutschland

Ich will es gleich ganz klar sagen: Ich bin kein Ferienexperte. Ich hab einfach nicht das Geld dafür. Man könnte sogar behaupten, daß ich arm wäre. Ich nehme das keinem übel, denn es stimmt ja auch.

Ich bin dreißig, und in den letzten zehn Jahren lag mein Durchschnittseinkommen bei $ 1 400 im Jahr. Amerika ist ein sehr reiches Land, und ich komme mir manchmal unamerikanisch vor. Ich meine, es kommt mir so vor, als ließe ich Amerika im Stich, weil ich einfach nicht genug Geld verdiene, um meine Staatsangehörigkeit zu rechtfertigen.

Jedenfalls ist es nicht leicht, bei $ 1400 im Jahr Ferien zu machen, und gestern bin ich mit dem Greyhound-Bus für ein paar Wochen nach Monterey gefahren, eine Art Verbannung aus San Francisco.

Ich will hier nicht näher auf die Gründe eingehen, weil ich befürchte, daß zuviel Humor diese Geschichte ruinieren könnte, und sie hat ja auch wirklich nur sehr wenig mit mir zu tun. Ich bin nur im Bus mitgefahren. Wichtig sind die beiden deutschen Jungs, die im Bus waren. Sie waren Anfang zwanzig und saßen auf dem Sitz vor mir. Sie waren auf einem dreiwöchigen Urlaub in Amerika. Die Zeit war schon fast um: wirklich schade.

Sie bequasselten alles auf deutsch und benahmen sich sehr touristisch und deuteten auf dies und das, während der Bus in Richtung Monterey dahinfuhr.

Der eine deutsche Junge, der am Fenster saß, zeigte obendrein auch ein starkes Interesse am Inhalt amerikanischer Autos, besonders am weiblichen Inhalt. Immer wenn er ein gutaussehendes Mädchen vorbeifahren sah, sagte er seinem Freund Bescheid, als wäre sie Bestandteil ihrer Reiseroute.

Sie waren gesunde, normale Sexfanatiker.

Ein Volkswagen fuhr vorbei, und der junge Deutsche auf dem Fensterplatz fand sofort die ungeteilte Aufmerksamkeit seines Freundes, als er ihn auf die beiden gutaussehenden Mädchen hinwies, die darin saßen. Die Gesichter der beiden klebten jetzt wirklich fest an der Fensterscheibe.

Das Mädchen auf dem Beifahrersitz, sie war jetzt genau unter uns, hatte kurzes blondes Haar und einen zarten weißen Hals. Der Volkswagen und der Bus fuhren jetzt genau mit der gleichen Geschwindigkeit.

Die beiden Jungs hörten nicht auf, zu ihr hinunterzustarren, und sie wurde etwas nervös, unsicher, wußte aber nicht, warum das so war, weil sie uns ja nicht sehen konnte. Sie spielte jetzt mit ihrem Haar, wie Frauen das gern in solchen Situationen machen, auch wenn sie nicht so ganz wissen, was vorgeht.

Die Kolonne vor dem Volkswagen wurde langsamer, und unser Bus brauste davon. Wir waren etwa eine Minute lang getrennt, als der Volkswagen wieder herankam.

Die jungen Deutschen machten gleich wieder weiter, und ihre Gesichter klebten an der Fensterscheibe, lebendige Beispiele für das uralte Spielzeugladen-Sexualien-Schaufenster Syndrom.

Diesmal schaute das Mädchen hoch und sah die beiden deutschen Jungs, die zu ihr herunterstarrten und gleich wie verrückt zu lächeln und zu flirten anfingen. Das Mädchen reagierte mit einem rätselhaften, unbestimmten Dreiviertellächeln. Sie war eine vollendete Autobahn-Mona-Lisa.

Wir gerieten wieder in einen Stau, und der Volkswagen fiel zurück, aber ein paar Minuten später war er schon wieder auf gleicher Höhe mit uns. Wir fuhren beide etwa sechzig Meilen die Stunde.

Diesmal, als sie mit dem blonden Haar und dem zarten weißen Hals hochschaute und die deutschen Jungs drauflosflirten sah, diesmal lächelte sie und winkte begeistert. Sie hatten es geschafft: das Eis war gebrochen.

Die deutschen Jungs winkten wie ein verrücktgewordener Flaggenkongreß und flirteten und lächelten mit einer Geschwindigkeit von einer Meile pro Minute. Sie waren sehr glücklich: Ah, Amerika!

Das Mädchen hatte ein reizendes Lächeln. Ihre Freundin winkte auch und steuerte den Volkswagen mit einer Hand. Sie sah auch ziemlich gut aus: auch blond, aber langhaarig.

Die deutschen Jungs verbrachten eine schöne Ferienzeit in Amerika. Wirklich schade, daß es keine Möglichkeit gab, aus dem Bus raus und in den Volkswagen hineinzukommen und die Mädchen kennenzulernen, aber so etwas ist eben unmöglich.

Die Mädchen fuhren dann bald an einer Ausfahrt nach Palo Alto ab und verschwanden für immer, außer natürlich, wenn sie nächstes Jahr in Deutschland Ferien machen und in einem Bus auf der Autobahn fahren.

Sandburgen

Seltsame Hecken wachsen auf der Point Reyes Peninsula, die wie ein gespenstischer Fingerabdruck an der Küste Kaliforniens hängt. Wunderliche Perspektiven treiben unaufhörlich aus dem Blickfeld oder kommen zu nahe auf dieser Halbinsel, wo weiße mittelalterliche portugiesische Molkereien von Zypressen gewiegt zu werden scheinen und dann verschwinden, als wären sie nie wirklich dagewesen.

Falken kreisen am Himmel wie die verlorenen Federn alter Eisenbahnuhren, suchen nach dem richtigen Eiweiß, das irgendwo da unten herumläuft und auf das sie dann herabstoßen und das sie in chronologischer Reihenfolge verschlingen.

Es kommt nicht oft vor, daß ich nach Point Reyes reise, weil mir die Insel, offen gesagt, selten in den Sinn kommt, aber wenn ich dann hinfahre, macht es mir immer Vergnügen. Das heißt, falls Vergnügen das richtige Wort ist, wenn man eine Straße entlangfährt, die eingesäumt ist von Hecken, die wie Friedhöfe aussehen, denen ein halb unbestimmtes, halb quecksilberhaltiges spirituelles Konzentrat zugesetzt hat.

Gewöhnlich gehe ich dann zu einer Stelle am Ende der Halbinsel, die McClures Beach heißt.

Man stellt sein Auto auf dem Parkplatz da draußen ab, und dann ist es noch ein ziemlicher Marsch zum Strand hinunter: man folgt einem kleinen Fluß, der durch einen langsam abfallenden Cañon fließt.

Brunnenkresse wuchert üppig im Fluß.

Man entdeckt viele besondere Blumen, während man Schritt für Schritt in den Windungen des Cañons verschwindet, bis man schließlich den Pazifischen Ozean erreicht und einen erregenden Strand, der eine Photographie sein könnte, wenn sie damals, als Christus lebte, schon Kameras gehabt hätten, und jetzt ist man ein Teil dieser Photographie, aber manchmal muß man sich zwicken, um sicher zu sein, daß man auch wirklich da ist.

Ich erinnere mich an einen Nachmittag vor vielen Jahren, an dem ich, weil mir der Sinn genau danach stand, mit einem Freund nach Point Reyes gefahren bin und die Hecken anstarrte, während wir immer weiter die Halbinsel hinausfuhren, die sich natürlich auftat wie Schichten aus Entfernung und Nähe und unaufhörlich von Falken umkreist wurde.

Wir parkten auf McClures Beach. Ich kann mich noch sehr deutlich an das Geräusch erinnern, das das Auto beim Parken machte. Es machte einen ganz schönen Lärm.

Warmer Nebel wirbelte im Cañon als wir langsam hinuntergingen. Dreißig Meter vor uns verlor sich alles im Nebel, und dreißig Meter hinter uns verlor sich alles im Nebel. Wir waren wie in einer Kapsel von Gedächtnisschwund eingeschlossen.

Überall um uns herum waren verstummte Blumen. Die Blumen sahen aus, als wären sie von einem unbekannten französischen Maler des vierzehnten Jahrhunderts gemalt worden. Mein Freund und ich hatten schon lange nichts zueinander gesagt. Vielleicht hatten sich unsere Zungen zu den Pinseln dieses Malers gesellt.

Ich starrte auf die Brunnenkresse im Fluß. Sie machte einen begüterten Eindruck. Immer, wenn ich Brunnenkresse sehe, was nicht sehr oft vorkommt, denke ich an die Reichen. Ich glaube, sie sind die einzigen, die sie sich leisten können, und sie verwenden Brunnenkresse in exotischen Rezepten, die sie in Schatzkammern vor den Armen verborgen halten.

Plötzlich, als wir um eine Biegung im Cañon kamen, sahen wir fünf gutaussehende Jungs in Badehosen, die damit beschäftigt waren, fünf hübsche Mädchen im Sand zu begraben. Sie waren alle aus klassischem kalifornischen Körpermarmor gemeißelt.

Die Mädchen befanden sich in verschiedenen Stadien ihres Beerdigtseins. Eins von ihnen war schon vollständig begraben, nur noch der Kopf schaute aus dem Sand. Sie war sehr schön, und ihr langes schwarzes Haar lag auf dem Sand wie eine Art dunkles Wasser, Jade vielleicht, das aus ihrem Kopf fließt.

Die Mädchen waren alle sehr glücklich, daß sie im Sand begraben wurden, und die Jungs, die sie im Sand begruben, warens auch. Sie veranstalteten eine Teenager-Friedhofs-Party, weil ihnen sonst nichts mehr einfiel. Rundherum lagen Handtücher, Bierdosen, Proviantkörbe, Picknickreste undsoweiter.

Sie schenkten uns keine besondere Aufmerksamkeit, als wir an ihnen vorbei – zum Pazifischen Ozean hinuntergingen, wo ich mich innerlich zwickte, um sicher zu sein, daß ich noch immer auf dieser christustrunkenen Photographie war.

Verziehen und vergeben

Diese Geschichte ist eine enge Freundin oder vielleicht sogar eine Geliebte einer Geschichte mit dem Titel »Elmira«. Sie beschäftigen sich beide auf eine gewisse Weise mit dem Long Tom River und der Zeit, in der ich noch jung war, ein Teenager, und der Long Tom River irgendwie Teil meiner emotionalen DNS war.

Ich habe den Fluß wirklich gebraucht. Mit ihm begannen die Antworten auf ein paar sehr komplizierte Fragen in meinem Leben, die ich immer noch zu lösen versuche.

Ich bin mir sehr wohl bewußt, daß Richard Brautigan einen Roman mit dem Titel *Forellenfischen in Amerika* geschrieben hat, der sich gründlich und erschöpfend mit dem Forellenfischen und seinen kaleidoskopisch wechselnden Bedingungen beschäftigt, deshalb macht es mich ein bißchen befangen, etwas über das gleiche Thema zu versuchen, aber ich werde weitermachen, weil ich diese Geschichte hier einfach erzählen muß.

Ich fischte immer tief in den Bergen am Long Tom River, wo der Fluß stellenweise nicht viel breiter war als ein Couchtisch, auf dem ein Bestseller lagert.

Die Forellen waren kleine Gauner, zwischen

fünfzehn und fünfundzwanzig Zentimeter lang, und es machte viel Spaß, sie zu fangen. Ich wurde wirklich gut im Long-Tom-Fischen, und ich hatte mein Limit von zehn Fischen in wenig mehr als einer Stunde beisammen, wenn ich überhaupt nur ein bißchen Glück hatte.

Der Long Tom River war vierzig Meilen entfernt. Normalerweise trampte ich am späten Nachmittag hin, brach dann in der Dämmerung wieder auf und trampte die vierzig Meilen nach Hause zurück.

Ein paarmal trampte ich im Regen hinaus, fischte im Regen und trampte im Regen wieder zurück. Ich legte achtzig Meilen auf einer nassen Kreisbahn zurück.

Ich stieg immer an einer Brücke über den Long Tom aus und ging fischend flußabwärts, bis ich an eine andere Brücke kam. Es war eine Holzbrücke, die aussah wie ein Engel. Der Fluß war etwas düster. Es war angenehmes Fischen zwischen den Brücke, während man eine träge, tropfende Landschaft hinunterging.

Unterhalb der zweiten Brücke, die aussah wie ein weißer Holzengel, nahm der Long Tom River einen sehr seltsamen Lauf. Es war gespenstisch dunkel, und es ging ungefähr so: etwa alle hundert Meter kam eine sumpfähnliche, unbewegte Stelle im Wasser, und dann strömte der Fluß weiter in einen schnellen, seichten Wasserlauf, der dicht mit Bäumen überdeckt war wie ein unwirklicher, geflochtener Tunnel, bis er den nächsten Sumpftümpel erreichte, und nur sehr selten ließ ich mich vom Long Tom River da hineinlocken.

Aber einmal an einem späten Augustnachmittag hatte ich bis zur Engelsbrücke hinunter gefischt und keinen allzu guten Fang gemacht. Ich hatte nur vier oder fünf Forellen.

Es regnete und es war sehr warm da oben in den Bergen, und es war nicht mehr weit bis Sonnenuntergang, und es dämmerte vielleicht sogar schon. Ich konnte wegen dem Regen nicht genau sagen, wie spät es war.

Wie dem auch sei: irgendeine blöde kindliche Überlegung brachte mich dazu, unterhalb der Brücke in diesen geflochtenen Flußtunnels und den großen offenen Sumpftümpeln mein Glück zu versuchen.

Es war wirklich schon zu spät, da hinunter zu gehen, und ich hätte einfach umdrehen und da rausgehen und die vierzig Meilen im Regen nach Hause trampen sollen.

Ich hätte es wirklich lassen sollen.

Aber nein, ich fing da unten zu fischen an. Es war tropisch heiß in den Tunnels, und ich fing Forellen an den Stellen, an denen die Tunnels in die großen Sumpftümpel mündeten. Dann mußte ich durch tiefen warmen Schlamm um die Tümpel herumwaten.

Eine etwa dreißig Zentimeter lange Forelle entwischte mir, und das brachte mich so richtig in Fahrt, so daß ich weiter und weiter hinunter fischte, bis ich sechs Sumpftümpel hinter der hölzernen Engelsbrücke war, als plötzlich, wie aus dem Nichts, das Licht innerhalb von ein paar Augenblicken einfach versickerte, in völlige Dunkelheit fiel, und da stand ich nun im Finstern, ich war schon halb um den sechsten Sumpftümpel herum, und vor mir war nichts als Finsternis und Wasser, und hinter mir war nichts als Finsternis und Wasser.

Ein gottverdammt komisches Angstgefühl durchfuhr mich. Ich war wie ein Kristallüster aus Adrenalin, der in einem Erdbeben wild hin und her schwingt, und ich drehte mich um und flüchtete den Fluß hinauf, spritzte wie ein Alligator um die großen Sumpftümpel herum und rannte wie ein Hund die seichten Tunnels hinauf.

Alle Schrecken der Welt saßen mir im Genick, waren links und rechts und genau vor mir, und sie hatten keinen Namen und keine Gestalt, sie waren reine Wahrnehmung.

Als ich schließlich aus dem letzten Tunnel rannte und den schwachen weißen Umriß der Brücke sah, der sich gegen die Nacht abhob, erwachte meine Seele im Anblick der rettenden Freistätte zu neuem Leben.

Während ich näher und näher kam, strahlte die Brücke in meinen Augen immer stärker wie ein weißer Holzengel, bis ich dann auf der Brücke saß und mich ausruhte; ich war triefend naß, aber ich fror überhaupt nicht im Nachtregen, der pausenlos auf die Berge fiel.

Ich hoffe, Richard Brautigan verzeiht mir, daß ich diese Geschichte geschrieben habe.

Ein Abziehbild
der amerikanischen Flagge

Diese Geschichte beginnt mit einem Abziehbild der amerikanischen Flagge am Rückfenster eines kleinen Transporters, aber man kann sie kaum sehen, weil der Transporter noch weit entfernt ist und dann vom Highway in eine Nebenstraße einbiegt und verschwindet, aber irgendwie haben wir damit mal wieder einen Einstieg gefunden.

Es ist schön, wieder in Kalifornien zu sein, nach einem sehr unglücklichen Monat im Osten: New York etc... mit zuviel Räuschen, Tagen und Tagen voller kaltem Herbstregen und Liebesgeschichten, die lebende Spiegel meines Unglücklichseins waren.

Jetzt fahr ich mit einem Freund hier draußen durch die kalifornische Landschaft und alles, was wir tun müssen, ist, jemanden zu finden, der seine kaputte Jauchegrube repariert. Sie ist völlig im Eimer. Wir brauchen jetzt jemanden, der seinen Lebensunterhalt durch den kenntnisreichen Umgang mit Jauchegruben bestreitet.

Wir fahren auf der Suche nach einem bestimmten Jauchegrubenspezialisten eine Straße hinunter und dann noch eine. Wir halten da, wo wir glauben, daß er wohnt, aber wir haben uns schwer vertan: ungefähr um eine Million Meilen. Hier wird Honig verkauft.

Ich weiß auch nicht, wie wir diesen Fehler machen konnten. Schließlich ist es ganz schön weit von einem Jauchegrubenspezialisten zu ein paar Frauen hinter einer Drahttür, die Honig verkaufen.

Wir finden es amüsant, und sie finden es auch amüsant. Wir lachen über uns, und sie lachen uns auch aus. Wir fahren gut gelaunt ab und unterhalten uns über die inneren und äußeren Wege, die ein Mann zurücklegt, bis er soweit kommt, daß er ein Lebensmittelgeschäft besitzt oder Arzt ist oder sich mit Jauchegruben genau auskennt, oder wie jemand anderer beschließt, Honig zu verkaufen, dann aber versehentlich für einen Jauchegrubenspezialisten gehalten wird.

Nach einer kurzen, witzig spirituellen Fahrt finden wir einen Jauchegrubenspezialisten, der zuhause ist; er ist umgeben von er ganzen Ausrüstung, die er braucht, um Jauchegruben mit Erfolg anzugehen.

Drei Männer sind gerade dabei, einen kaputten Laster zu reparieren.Sie unterbrechen ihre Arbeit und drehen sich zu uns um. Sie betrachten die Sache auf eine ländlich-lässige Art sehr ernst.

»Nein, heute nicht. Wir müssen den Laster reparieren, damit wir auf Bärenjagd gehen können.«

So ist es, und so muß man das sehen: Sie wollen den Laster reparieren, damit sie auf Bärenjagd gehen können. Unsere Jauchegrube ist durchsichtig und unsichtbar, eine kindische Sache. Bären sind wichtiger. Ich bin froh, daß ich wieder in Kalifornien bin.

The World War I
Los Angeles Airplane

Sie fanden ihn tot neben dem Fernseher auf dem Wohnzimmerboden eines kleinen, gemieteten Hauses in Los Angeles. Meine Frau war zum Laden hinuntergegangen, um Eis zu kaufen. Es war ein abends-noch-&-nur-um-ein-paar-Ecken Laden. Wir waren in Eiskremstimmung. Das Telefon klingelte. Es war ihr Bruder; er sagte, ihr Vater sei am Nachmittag gestorben. Er war siebzig. Ich wartete, daß sie mit dem Eis heimkäme. Ich überlegte, wie ich ihr auch möglichst schmerzlose Art sagen könnte, daß ihr Vater tot sei, aber man kann den Tod nicht mit Wörtern tarnen. Wenn die Wörter zu Ende sind, ist immer jemand tot.

Sie war sehr fröhlich, als sie vom Laden zurückkam.

»Was ist denn los?« fragte sie.

»Dein Bruder hat gerade aus Los Angeles angerufen«, sagte ich.

»Was ist passiert?« fragte sie.

»Dein Vater ist heute nachmittag gestorben.«

Das war 1960 und jetzt sinds nur noch ein paar Wochen bis 1970. Er ist schon fast zehn Jahre tot, und ich hab viel darüber nachgedacht, was sein Tod für uns alle bedeutet.

1. Er war deutscher Abstammung und wuchs auf einem Bauernhof in Süd-Dakota auf. Sein Großvater war ein schrecklicher Tyrann, der seine drei erwachsenen Söhne auf genau dieselbe Art behandelte, wie er sie als Kinder behandelt hatte, und damit machte er sie völlig kaputt. In seinen Augen waren sie nie erwachsen geworden. Er sorgte schon dafür. Sie waren nie vom Hof weggekommen. Er erledigte alle ihre Privatangelegenheiten, mit Ausnahme der Zeugung seiner Enkelkinder. Er erlaubte ihnen nicht, daß sie ihre eigenen Kinder zurechtwiesen oder bestraften. Das erledigte er für sie. Der Vater meiner Frau empfand seinen Vater als einen Bruder, der immer versuchte, dem nie nachlassenden Zorn ihres Großvaters zu entkommen.

2. Er war klug, und als er achtzehn war, wurde er Lehrer und verließ den Hof, was einen revolutionären Akt gegen seinen Großvater darstellte, für den er von da an gestorben war. Er wollte nicht enden wie sein Vater und sich hinter der Scheune verstecken müssen. Er unterrichtete drei Jahre lang im Mittelwesten und arbeitete dann, in den Pioniertagen des Autohandels, als Autoverkäufer.

3. Dann eine frühe Ehe, gefolgt von einer frühen Scheidung, mit Gefühlen hinterher, die dazu führten, daß diese Ehe, weil er sie verheimlichen wollte, wie ein Skelett bei ihnen zuhause im Schrank hing. Er war wahrscheinlich sehr verliebt gewesen.

4. Kurz vor dem ersten Weltkrieg ein schrecklicher Autounfall, bei dem alle außer ihm ums Leben kamen. Es war einer der Autounfälle, die bei den Angehörigen und Freunden der Toten tiefe seelische Narben wie Mahnmäler hinterlassen.

5. Als Amerika 1917 in den Ersten Weltkrieg

eintrat, beschloß er, Pilot zu werden, obwohl er schon Ende zwanzig war. Man sagte ihm, das wäre unmöglich, weil er schon zu alt wäre, aber er legte so viel Energie in seinen Wunsch zu fliegen, daß er zur Pilotenausbildung zugelassen wurde, nach Florida ging und Pilot wurde.

1918 ging er nach Frankreich und flog eine De Havilland und bombardierte einen Bahnhof, und einmal, als er über den deutschen Linien flog, tauchten rings um ihn herum kleine Wölkchen auf. Er fand sie wunderschön, und er flog noch lange Zeit weiter, bevor er merkte, daß es deutsche Flaks waren, die ihn abschießen wollten.

Ein andermal, als er über Frankreich flog, tauchte ein Regenbogen hinter dem Schwanz seines Flugzeugs auf, und bei jeder Wendung, die das Flugzeug machte, machte der Regenbogen dieselbe Wendung, und er folgte ihm für den Teil eines Nachmittags im Jahre 1918 beharrlich durch den Himmel Frankreichs.

6. Als der Krieg zu Ende war, schied er im Rang eines Hauptmanns aus, und er fuhr mit dem Zug durch Texas, als der etwas ältere Herr neben ihm, mit dem er sich etwa dreihundert Meilen lang unterhalten hatte, sagte: »Wenn ich noch ein junger Mann wäre wie Sie und ein wenig Geld auf der Seite hätte, würde ich nach Idaho raufgehen und eine Bank aufmachen. Das Bankgeschäft in Idaho hat Zukunft.«

7. Das machte ihr Vater dann auch.

8. Er ging nach Idaho und machte eine Bank auf, die schon bald drei weitere Banken und eine große Ranch nach sich zog. Es war jetzt 1926, und alles lief gut.

9. Er heiratete eine Lehrerin, die sechzehn Jahre

jünger war als er, und in den Flitterwochen fuhren sie mit dem Zug nach Philadelphia und bleiben eine Woche dort.

10. Der Börsenkrach 1929 traf ihn hart, und er mußte seine Banken aufgeben und auch den Lebensmittelladen, den er sozusagen im Vorbeigehen mitgenommen hatte, aber er hatte immer noch die Ranch, auf die er allerdings eine Hypothek aufnehmen mußte.

11. 1931 entschloß er sich, in die Schafzucht einzusteigen, und er erwarb eine große Herde und war sehr gut zu seinen Schafhirten. Er war so gut zu ihnen, daß in der ganzen Umgegend in Idaho geklatscht wurde. Die Schafe bekamen eine schreckliche Schafkrankheit und starben alle.

12. Er erwarb 1933 nochmal eine große Schafherde und gab dem Klatsch neuen Auftrieb, weil er auch weiterhin so gut zu seinen Männern war. Die Schafe bekamen 1934 eine schreckliche Schafkrankheit und starben alle.

13. Er gab seinen Leuten eine hohe Gratifikation und stieg aus dem Schafgeschäft aus.

14. Aus dem Verkauf der Ranch blieb ihm gerade noch genug Geld, um alle seine Schulden zu bezahlen und einen nagelneuen Chevrolet zu kaufen; er packte seine Familie in den Wagen und fuhr ab nach Kalifornien, um wieder ganz von vorne anzufangen.

15. Er war vierundvierzig, hatte eine achtundzwanzigjährige Frau und eine kleine Tochter.

16. Er kannte niemanden in Kalifornien, und die Wirtschaftskrise war in vollem Gange.

17. Seine Frau arbeite eine Zeit lang in einem Dörrzwetschgenbetrieb, und er war Parkplatzwächter in Hollywood.

18. Er bekam eine Stelle als Buchhalter in einer kleinen Baufirma.
19. Seine Frau gebar einen Sohn.
20. 1940 machte er einen Abstecher ins kalifornische Immobiliengeschäft, entschloß sich dann aber, die Sache wieder aufzugeben, ging zurück und arbeitete wieder als Buchhalter für die Baufirma.
21. Seine Frau bekam eine Stelle als Kassiererin in einem Lebensmittelladen, in dem sie acht Jahre lang arbeitete, und dann kündigte einer der Geschäftsführer und machte seinen eigenen Laden auf, und sie ging mit und arbeitete für ihn, und sie arbeitet immer noch dort.
22. Sie arbeitet jetzt schon dreiundzwanzig Jahre als Kassiererin im selben Laden.
23. Sie war sehr hübsch bis vierzig war.
24. Die Baufirma entließ ihn. Sie sagten, er wäre zu alt, um sich noch um die Bücher zu kümmern. »Es wird Zeit, daß Sie auf die Weide gehen«, witzelten sie. Er war neunundfünfzig.
25. Sie mieteten das Haus, in dem sie dann fünfundzwanzig Jahre lang wohnten, obwohl sie es einmal ohne Anzahlung und bei einer monatlichen Rate von fünfzig Dollar hätten kaufen können.
26. Als seine Tochter auf die Highschool ging, arbeitete er dort als Hausmeister. Sie sah ihn immer auf den Gängen. Daß er als Hausmeister in der Schule arbeitete, war eine Sache, über die zu Hause sehr selten gesprochen wurde.
27. Ihre Mutter machte immer Pausenbrot für beide.
28. Als er fünfundsechzig war, ging er in Rente und wurde ein sehr bedächtiger Süßweinalkoholi-

ker. Er trank gern Whiskey, aber das konnten sie nicht finanzieren. Er blieb die meiste Zeit im Haus und fing etwa um zehn Uhr zu trinken an, ein paar Stunden, nachdem seine Frau zur Arbeit in den Lebensmittelladen gegangen war.

29. Im Lauf des Tages wurde er dann auf stille Art betrunken. Er hielt seine Weinflaschen immer in einem Schrank in der Küche versteckt, und er trank nur heimlich daraus, obwohl er allein war.

Er machte sehr selten irgendwelche Szenen, und das Haus war immer sauber, wenn seine Frau von der Arbeit heimkam. Allerdings nahm er nach einiger Zeit diesen bedächtigen Gang an, den Alkoholiker haben, wenn sie sich sehr darauf konzentrieren, sich so zu benehmen, als wären sie nicht betrunken.

30. Er benutzte Süßwein anstelle von Leben, weil er kein Leben mehr hatte, das er benutzen konnte.

31. Er schaute sich immer das Nachmittagsprogramm am Fernsehen an.

32. Einmal, im I. Weltkrieg, war ihm ein Regenbogen durch den Himmel Frankreichs gefolgt, als er ein Flugzeug flog, das mit Bomben und Maschinengewehren bestückt war.

33. »Dein Vater ist heute nachmittag gestorben.«

Nachbemerkung des Übersetzers

Der Übersetzer dankt Georg Low of Munich & Oxford für seine Kritik, seine Einwände, seine Anregungen und – last but not least – für so manches ironische Lächeln, das nicht unerheblich zur Qualität des deutschen Texts beigetragen hat.

Der Übersetzer möchte die Leser dieses Buches um Verständnis dafür bitte, daß der Titel von *The World War I Los Angeles Airplane* nicht übersetzt wurde. Die Airplane-Geschichte erschien zuerst (zusammen mit zwei anderen) im Herbst 1977 im *Almanach 11 für Literatur und Theologie*, einem Buch, zu dem der Übersetzer eine ziemlich enge und sentimentale Beziehung hat. Die Geschichte wurde damals versehentlich unter dem Originaltitel abgedruckt, und heute ist der Übersetzer weder willens noch imstande, irgend etwas daran zu ändern. Es gibt eben Übersetzungsprobleme, die linguistisch nicht mehr faßbar und formulierbar sind.

Ich möchte die Leser dieses Buches bitten, diese »Wunde« im deutschen Text als Zeichen der Wunde zu nehmen, die in dieser Geschichte beschrieben wird und für die diese Geschichte steht.

G.O.

Literatur bei Eichborn

Amanda Cross

Die amerikanische Schriftstellerin Amanda Cross gilt als die Erfinderin des emanzipierten Frauen-Krimis. Amanda Cross ist ein Pseudonym. Mit bürgerlichem Namen heißt die Autorin Carolyn Heilbrun, lebt in New York, ist Literaturwissenschaftlerin und lehrt an der Columbia-University.

Die Heldin ihrer Romane, Kate Fansler, bewegt sich ebenfalls im Universitäts-Milieu, ist Professorin und verfügt über außergewöhnlich starke detektivische Neigungen. »Weiblich, witzig, wunderbar« nannte DER SPIEGEL die Krimis der Amanda Cross.

Auf Deutsch sind erschienen:

Amanda Cross: **Albertas Schatten**
(Leinen-Einband, 331 Seiten)
Amanda Cross: **Gefährliche Praxis**
(Leinen-Einband, 304 Seiten)
Amanda Cross: **In besten Kreisen**
(Leinen-Einband, 264 Seiten)

Weitere fünf Übersetzungen sind in Vorbereitung

John Fante

Über John Fante schrieb die Frankfurter Allgemeine Zeitung: »Er ist ein Erzähler voller Selbstironie. Seine Prosa ist bodenständig, schnörkellos, von einer spröden Eleganz: Westküstenrealismus in Vollendung. Wer Chandler mag oder auch Hemingway, zwei Autoren, an die man sich beim Lesen oft erinnert fühlt, sollte sich auch John Fante nicht entgehen lassen.«

Bei Eichborn sind lieferbar:

John Fante: **Es war ein merkwürdiges Jahr**

John Fante: **Westlich von Rom**

John Fante: **Sein Weg nach Los Angeles**

In Vorbereitung ist ein weiterer, nachgelassener Roman von John Fante, der der unter dem Titel **»Termiten im Haus«** auf Deutsch erscheinen wird (September '89).